지역혁신 거버넌스를 위한
Co-creation 활용 방법론

김나랑 · 이태헌 · 한은정

유원북스

이 저서는 2015년 대한민국 교육부와

한국연구재단의 지원을 받아 수행된 연구임

(NRF-2015S1A3A2046781)

머리말

지역혁신을 비롯한 모든 정책은 정책 수요자인 지역주민의 관점에서 추진되어야 한다. 정부는 지역주민이 무엇을 바라고 무엇을 원하는지 예측하고 분석하여 이를 정책에 반영해야 하는 것이다. 이를 위해 정부는 지역주민을 포함한 지역사회 내의 모든 이해관계자들의 의견에 귀를 귀울여야 하고, 지역주민은 다양한 방법을 통해 그들의 의견을 전달할 수 있어야 한다. 이렇듯 다양한 이해관계자들이 서로의 의견을 교환하고 공유하기 위해서 활용할 수 있는 것이 바로 IT 기술이다.

우리는 매일같이 손안에 스마트폰이나 태블릿 PC 등의 모바일 기기를 가지고 살아간다. 즉, 우리가 매일같이 사용하고 있는 이러한 IT 기기를 통해 시간과 공간의 제약 없이 언제 어디서든 자신이 살아가고 있는 지역의 정책에 참여하고 협력할 수 있게 되었다. 더구나 최근에는 빅데이터, 인공지능 등의 발전으로 정부는 지역주민이 원하는 정책을 매일같이 생성되는 정형, 비정형 데이터로부터 예측하고 분석할 수 있는 가능성을 열어주었다. 이것이 Co-creation이다. Co-creation은 IT 기술로 연결된 모든 사물과 사람이 함께 참여하고 협력하여 이전보다 더 큰 새로운 가치를 창출하는 것이다.

본 저서에서는 지역혁신 거버넌스에 Co-creation을 적용하기 위해 활용할 수 있는 다양한 방법론을 제시하고자 한다. 이를 위해 1장에서는 서론으로 지역혁신 거버넌스를 위한 시대적 배경 및 필요성 등을 기술하였고, 2장에서는 지역혁신과 거버넌스의 개념 및 IT 기술과 Co-creation에 대해서 살펴보았다. 3장에서는 지역혁신 거버넌스에 Co-creation을 적용하기 위해 활용할 수 있는 구체적인 방법론을 개요, 절차, 방법 및 사례를 통해 설명하였고, 4장에서는 결론으로 지역혁신을 위한 새로운 참여와 협력 모델로 스마트 거버넌스를 제시하였다.

끝으로 이 책이 나오기까지 도움을 주신 유원북스 및 많은 분들께 감사를 드린다.

2018년 6월

김나랑, 이태헌, 한은정

차 례

■ 관련 기사

■ 표 차례

■ 그림 차례

제 1 장

서 론

■CREATIVE
■ GLOBAL
■ DREAM
■ DIGITAL

모바일, 디지털로 대변되는 현대사회는 해결해야 할 많은 사회문제를 가지고 있다. 현대사회가 가지고 있는 사회문제는 지역 내의 이해관계자들 간의 갈등을 발생시키며(박홍엽, 2009), 이러한 갈등은 지역발전을 저해하는 요소로 작용하고 있다. 특히 중앙정부가 앞장서고 지방이 따라오던 국가발전모델은 한계에 이르렀고, 국민의 욕구는 다양해진 데 반해 정부는 과거에 머물며 다양하게 대두되는 사회문제를 해결하지 못하고 있다(제민일보, 2018. 1. 30).

이처럼 지역사회 내에 산재하고 있는 사회문제를 해결하고 지역발전을 이루기 위해 혁신이 필요하다. 지역특성에 맞는 지역혁신 전략을 수립하기 위해서는 지역주민, 각종단체, 전문가 등 지역사회의 다양한 이해관계자들의 참여와 협력이 필수적이다. 그러나 그동안 정부에서 지역발전을 위한 혁신전략을 수립하면서 정책추진의 양적인 성장에만 초점을 두고 대규모 개발사업에 치중하는 경향을 보여 왔으며(차재권과 류태건, 2014), 공존하며 살아가는 지역사회의 다양한 이해관계자들의 의견을 수렴하여 그들의 정책 만족을 높이는 질적인 성장을 위한 정책적 노력은 미진하였던 것이 사실이다. 뿐만 아니라 현대사회의 사회문제는 사회가 발전할수록 더욱 복잡화·다양화하고 있어 사회문제를 정확히 정의하기도 어렵고 그 해결책을 찾기도 점점 더 어려워지고 있다.

사회문제 해결을 위한 정부의 노력은 과거부터 지역혁신 정책으로 이어져왔다. 과거 지역혁신을 위한 다양한 정책들은 대부분 정부의 의도적이고 적극적인 개입을 통한 하향식으로 이루어져왔다(이정협 외, 2007). 이러한 중앙집중식·하향식 정책 추진에서 나타나는 문제를 극복하고 정책 집행의 성과 및 효율을 높이기 위해 도입된 것이 거버넌스이다. 거버넌스는 정책문제를 정부와 정부 외의 제도 및 조직들이 관행을 통해 상호 협력하여 문제를 해결하는 것으로 규정할 수 있다(Jessop, 1998). 이와 같이 거버넌스의 등장으로 정부의 역할에 변화를 가져왔고, 사회문제 해결에 대한 기존 정부 중심의 해결에서 지역사회의 다양한 이해관계자들과의 참여로의 관계 전환 등의 새로운 변화를 가져왔다.

최근 거버넌스는 로컬거버넌스로 이어져 지방의 주요 문제를 지역사회의 다양한 이해관계자들이 참여하고 협력하는 형태로 나타났다. 로컬거버넌스는 협력적 거버넌스로 지방자치에서 지역사회가 가지고 있는 공공의 문제를 해결하면서 지역사회의 다양한 이해관계자들이 지속적으로 상호작용하여 협력해 나가는 것을 의미한다(주재복, 2004). 이와 같이 볼 때 거버넌스의 핵심은 다양한 이해관계자들의 참여와 상호협력이라고 할 수 있다.

거버넌스의 개념과도 상통하는 경영학 분야의 Co-creation이 있다. Co-creation의 핵심은 참여와 협력이다. 협력은 어느 한 분야의 단편적·일회적 협력이 아니라 기업의 비즈니스 프로세스 전 과정에서의 주체적인 참여와 협력을 추구한다(홍순구 외, 2014). Co-creation은 참여하고 협력한 참여자 모두가 공동으로 가치를 창출하는 새로운 혁신 방법론이다. 이러한 경영분야의 Co-creation을 지역혁신 거버넌스에 적용하여 지역사회 혁신을 이룰 수 있는 데 활용하고자 한다.

지역혁신 거버넌스에 Co-creation을 적용하기 위해서는 다양한 방법론이 필요하다. Co-creation 방법론은 한 가지 방법론이 존재하여 하나의 문제에 하나의 정답으로 채택되는 것이 아니다. 지역사회 문제 및 상황, 여건 등에 따라 다양하고 적절한 방법론을 선택적으로 유연하게 활용하면서 참여자 모두가 협력할 수 있도록 하는 것이 핵심이다. 예를 들면 도시재생에 성공한 감천문화마을에서 관광객의 추이가 어떻게 되는지 알아보기 위해 트렌드 분석을 실시하여 관광객 감소의 원인을 파악하고, 이에 따라 관광활성화 정책 수립에 활용할 수 있으며, 서울시에서 한강의 자연환경 개선을 위한 시민의 아이디어를 필요로 할 때 온라인 공모전을 활용하여 한강에 대한 다양한 아이디어를 도출하여 정책에 반영할 수 있다. 또다른 사회문제로 대두되는 청년 실업문제를 해결하기 위한 방안으로 벤처창업 활성화 정책을 마련하기 위해 전문가들의 심층인터뷰를 활용할 수 있다. 전문가 인터뷰 내용을 근거이론으로 각 분야의 전문가들이 원하는 정책이 무엇인지 분석하여 그에 적절한 정책을 추진할 수 있다. 이를 통해 참여자 모두가 공유할 수 있는 최대한의 가치, 즉 정부는 정책수요자들의 정책만족도를 높일 수 있고, 정책수요자인 주민들은 자신들이 원하는 정책을 제공받을 수 있게 되어 정부에 대한 신뢰를 높일 수 있는 각각의 새로운 가치를 창출할 수 있는 것이다.

이에 본 저서에서 지역혁신 거버넌스에 Co-creation을 접목하기 위한 다양한 방법론을 제시하고자 한다. 본 저서에서 제시된 Co-creation 방법론은 지역사회가 가진 다양한 사회문제를 해결하여 지역혁신을 이루는 데 있어서 지역사회의 모든 참여자들이 협력하면서 활용할 수 있는 방법론을 구체적인 사례와 함께 제시하였다. 덧붙여 최신 관련기사를 소개하여 Co-creation 방법론의 활용에 대한 이해력을 높이고자 하였다.

제 2 장

지역혁신 거버넌스와 Co-creation

1. 지역혁신
2. 지역혁신 거버넌스
3. IT 기술의 발전과 Co-creation

■ CREATIVE

■ GLOBAL

■ DREAM

■ DIGITAL

1. 지역혁신

최근 글로벌 경제로의 변화로 국가단위보다는 지역단위의 경쟁력이 중요시되면서 지역이 강조되고 있다. 또한 4차 산업혁명으로 인한 시대적 변화로 혁신(Innovation)의 중요성도 함께 부각되고 있다.

이러한 지역혁신은 보통 지역혁신체계로 설명되는데, Cooke 외(1998)는 지역혁신을 "기업과 관련 조직들이 배태성(embeddedness)으로 특징되는 제도적 환경을 통해 상호작용적 학습에 체계적으로 참여"하는 특징을 보인다고 하였다. 또한 Cooke 외(2007)는 지역혁신체제 모형을 〈그림 2-1〉과 같이 제시하였다.

지역혁신에 있어서 특히 지역의 특성을 고려하고 지역의 공통적인 사회문제

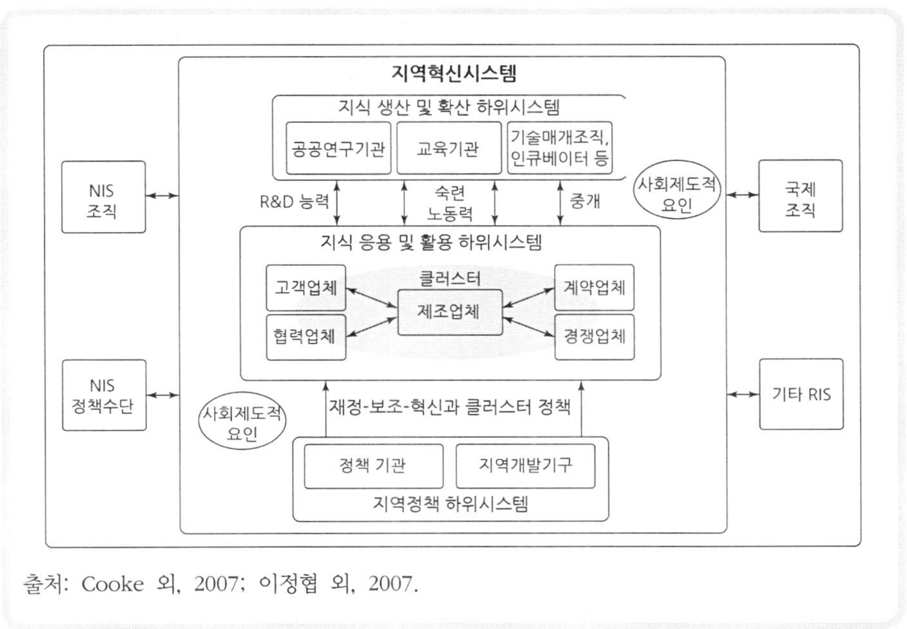

출처: Cooke 외, 2007; 이정협 외, 2007.

그림 2-1 지역혁신시스템의 구조

를 인식하고 있는 이해관계자들이 문제와 관련된 이슈를 결정하고 지방정부와 함께 공동의 정책목표를 세우는 상호작용적인 과정에 참여하고 협력하는 것은 지역혁신에 중요한 요인으로 작용할 수 있다(정성문과 강신겸, 2015).

이러한 지역혁신에서 강조할 사항으로 윤광재(2006)는 다음과 같이 제시하였다. 첫째, 지역혁신은 지역경제를 중심으로 하는 발전체제이며, 글로벌화 및 정보화시대에 따른 적합한 지식과 기술을 바탕으로 이루어져야 한다. 둘째, 지역상황에 적합한 지역혁신체계 구축으로 자립형 지방화를 이루어야 한다. 셋째, 지역 간의 불균형을 없애기 위해 도로, 항만, 통신, 철도 등의 인프라 투자가 선행되어야 지역혁신을 이룰 수 있다. 넷째, 지역사회의 상황이나 특성에 적합한 전략적 산업을 발굴, 집중, 육성해야 한다. 다섯째, 지역혁신체계의 상부구조라고 할 수 있는 정치, 교육, 문화 등이 혁신의 틀 안에서 변화되어야 장기적인 측면의 혁신을 추진할 수 있다.

지역혁신으로 그 지역사회를 발전시키기 위해서는 단편적인 한두 분야의 노력으로는 불가능하다.

지역혁신으로 지역주민의 삶의 질을 향상시키고 지역사회의 기술, 산업, 문화를 토대로 지역경제구조를 재편하고 지역주민의 참여와 협력을 통해 학습, 계획, 경영함으로써 자생적 지역발전을 추구할 수 있다(윤광재, 2006).

지역혁신을 성공하기 위한 방안으로 서태성(2002)의 연구에서는 지역혁신을 위해 혁신체계의 종합성이 요구되며, 지역혁신의 비전과 목표를 그 지역사회 내에서 합의가 형성되고 이러한 비전과 목표를 중심으로 다양한 지역자원이 동원되어야 독자적이고 차별화된 지역혁신체계의 구축이 가능하다고 하였다. 김선배(2004)의 연구에서는 지역혁신의 성공적인 체계 구축을 위해 연구기술개발과 산업구조의 고도화, 관련 이해관계자들 간의 상호협력과정이 매우 중요하며, 이는 지역혁신체계 구축에서 지역사회 내에 존재하고 있는 지역의 고유자원을 활용하고 지역특성에 적절한 경쟁력 있는 지역혁신 창출전략을 추진해야 한다고 하였다. 따라서 성공적인 지역혁신체계 구축을 위해서는 지방정부, 지역기업, 대학과 연구기관, 시민과 시민단체 등 다양한 지역사회 관련 이해관계자들 간의 적절한 상호협력 방식이 강조되어야 한다. 즉, 지역혁신의 핵심은 지역 내에 있는 능력을 지역 스스로 창출하는 것이며, 지역발전의 원동력을 다양한 이해관계자들과의 협력에서 창출해야 한다는 것이다.

2. 지역혁신 거버넌스

거버넌스는 학자에 따라 다양한 의미로 정의하고 있다. Jessop(1998)은 거버넌스를 사회문제와 관련된 정책문제에 대해 정부와 다른 조직들이 관행을 통해 상호협력하여 문제를 해결하는 것으로 규정하고 있으며, 전영평(2003)의 연구에서는 거버넌스를 국가중심적 통치를 의미하고 정부개혁이나 정책참여에서 네트워크의 형성으로 의미하기도 하였다. 또다른 김관수(2011)의 연구에서는 민주사회로의 변화에서 다양한 이해관계자들이 공통의 사회문제를 해결하기 위해 네트워크, 파트너십 형성 등의 다양한 절차나 방법을 거버넌스로 말하기도 하며, Peter(2001)는 제도화된 정책 커뮤니티의 이해관계자들을 정책의 과정에 참여하게 하여 지역사회문제를 해결하고 책임을 지게 하는 공공의사결정의 형태라고 거버넌스를 정의하였다. Ostrom(2005)은 지역사회의 문제해결을 위해 지역사회 내의 행위주체들 스스로 참여하여 제도조건을 설정하거나 변경시킴으로써 지역사회문제에 내재한 집합행동의 딜레마를 해결하는 길을 제시한 것이 거버넌스라고 하였다.

이러한 의미를 가진 거버넌스는 세계를 대상으로 하는 글로벌 거버넌스, 중앙정부와 지방자치단체, 국내의 자발적 조직이 포함된 정책네트워크를 의미하는 국가 거버넌스, 지방정부와 지역 내 다양한 자발적 조직이 포함되는 정책네트워크인 지방 거버넌스로 구분할 수 있다(전영평, 2003). 또한 분석내용에 따라서 사이버 거버넌스, 디지털 거버넌스, 그린 거버넌스 등으로 구분할 수 있다.

거버넌스는 지역사회의 주요 사회문제를 지역사회의 다양한 이해관계자들이 참여하고 협력하여 문제를 해결해 나가는 협력의 관점에서 볼 때 협력적 거버넌스의 개념을 포함하고 있다. 협력적 거버넌스는 로컬거버넌스를 구성하고 있는 이해관계 주체들이 상호협력과 참여를 통하여 지역사회의 공공의 문제를 해결해 나가는 것을 의미하고, 지역사회의 구성원들이 지속적으로 상호작용을 통하여 협력하는 것에 초점을 두고 있다(배응환, 2002).

지역혁신 거버넌스에 대한 선행연구들은 다양하다. 먼저 정준호 외(2004)의 연구에서는 "지역혁신체제의 효율적 작동과 지역발전시책의 효과적 · 효율적 추진을 위해 중앙정부 · 지자체뿐만 아니라 다양한 지역 내 관련 기관 및 이해관계자들이 시책의 입안 · 결정 · 집행과정에 참여하고 상호 협력하는 관리 · 운영체계"로 지역혁신 거버넌스를 정의하고 있다. Cooke 외(2007)의 연구에서는 지역혁신 거버넌스를 공공정책과 기관, 지식 인프라로 구성하고, 기업혁신을 지원하기 위한 소프트 인프라로 정의하고 있다. 이정협 외(2007)의 연구에서는 지역혁신 거버넌스를 지식의 응용 및 활용 하위시스템을 구성하는 기업과 지식의 생산 및 확산 하위시스템을 구성하는 대학, 연구소, 지원기관 등이 상호작용적 학습에 체계적으로 참여할 수 있도록 촉진하고 고무하는 지역의 정책 하위시스템과 관련 제도적 조건을 아우르는 개념으로 정의하였고, 김선배(2004)의 연구에서는 지역혁신 거버넌스를 혁신주체의 관리 운영체계와 이들 혁신주체 간 협력을 촉진하는 제도적 틀로 정의하고 있다. 또한 Cooke 외(2000)는 지방정부가 중심이 되는 지역혁신 거버넌스를 〈그림 2-2〉와 같이 지역개발기구, 교육기관, 연구기관, 훈련조직 등의 공공부문과 함께 기업, 노조, 상공회의소, 산업협회, 기술이전기관 등의 민간부문도 포함하여 지역혁신 거버넌스를 제시하였다.

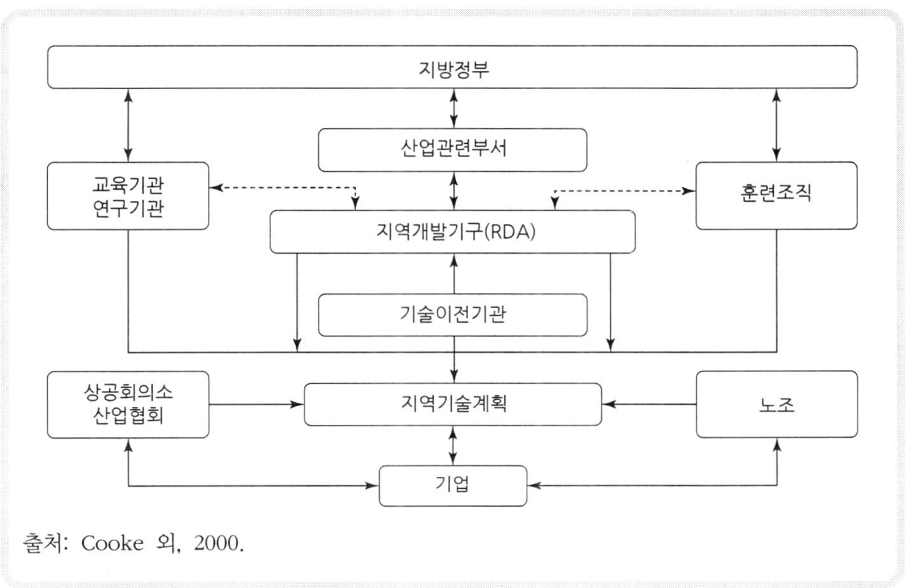

출처: Cooke 외, 2000.

그림 2-2 지방정부 중심의 지역혁신 거버넌스의 사례

지역혁신 거버넌스에서 관련 혁신주체의 네트워크 창출이 중요하며(Cooke et al, 2000), 지역은 거버넌스의 공간적 범위에 해당하고 혁신은 거버넌스 분석의 내용이라고 할 수 있다(전영평, 2003).

거버넌스의 성공요인에 대한 다양한 연구들에서 오철호와 고숙희(2012)는 사례연구를 통하여 권력, 자원, 정보의 불균형, 협력 유용성 공감, 책임과 권한의 명확화, 제3의 지지와 지원, 리더십을 거버넌스의 성공요인으로 제시하였고, 이수연(2013)의 연구에서는 협력의 기회 또는 제약으로 작용하는 일반적인 맥락, 참여, 목표와 동기의 공유, 집합적 역량 등을 거버넌스 성공요인으로 제시하였다. Provan과 Kenis(2008)의 연구에서는 네트워크 거버넌스의 효과성 조건을 제시하면서 신뢰, 구성원 수, 목표공유, 네트워크 수준의 경쟁 필요성을 거버넌스의 성공요인으로 제시하였다.

3. IT 기술의 발전과 Co-creation

디지털 모바일로 대변되는 IT 기술의 비약적인 발전으로 산업뿐만 아니라 사회 전반적인 분야에서 응용 및 활용이 가능하며, 무한한 미래성장동력으로 IT 기술이 활용되고 있다(이재삼, 2015). 예를 들면 우리가 매일 들고 다니는 스마트폰이나 태블릿 PC 같은 모바일 기기로 인해 우리가 어디서 무엇을 하는지, 어느 곳에 있는지, 무엇을 먹고 마시는지 등 수많은 정보들이 네트워크를 통해 기업 및 정부, 기관 등 이를 필요로 하는 곳에 정보로 제공되고 있으며, SNS가 확산되면서 엄청난 양의 데이터들이 활용·응용되고 있다. 이렇게 생성되는 데이터들은 사물인터넷, 인공지능, 빅데이터 분석 등의 핵심 기술을 이용하여 수집, 가공, 분석할 수 있다. 분석된 데이터를 활용하여 지역사회의 각종 문제를 해결하고 공공서비스를 개선하는 데 활용할 수도 있다(김형주 외, 2017).

미국에서도 정부와 대학이 함께 협력하여 도시가 직면한 각종 문제를 해결하기 위해 도시에서 생산되는 수많은 빅데이터를 분석하여 공공서비스 개선에 활용하고 있다. 이때 지역의 대학에서는 데이터를 관리하고 분석하는 역할을 하였으며, 시민들은 적극적으로 참여하여 공공 혁신의 수요자뿐만 아니라 생산자의 역할을 하고 있다(김형주 외, 2017).

이와 같이 모바일, 인공지능, 빅데이터 등의 IT 기술의 발전으로 사람들 간에 시공간을 넘는 참여와 소통이 가능하도록 하여 다양한 아이디어를 융합할 수 있게 하였으며, 특히 인공지능과 빅데이터 분석은 미래의 행동을 예측하는 예측 가능성을 높일 수 있게 하여 정부정책 반영에 이를 활용할 수 있게 되었다.

네트워크의 발전으로 모든 사물과 사람들이 서로 연결되어 협력할 수 있는 기반을 마련해 주었고, 이를 통한 참여와 협력은 새로운 가치를 창출할 수 있게 되었다.

이처럼 참여와 협력으로 새로운 가치를 창출하는 개념으로 Co-creation이 있다. Co-creation은 2000년대 처음 경영학 분야에서 소개된 개념으로 기업의 비즈니스 프로세스 전과정에 공급자, 유통업자를 넘어 심지어 그동안은 기업 제품의 수동적 존재로 여겨졌던 소비자까지 함께 참여하고 협력하여 참여자 모두가 새로운 가치를 창출한다는 것이다. 즉, 그동안 기업이 생산하는 제품과 서비스를 수동적으로 소비하기만 하던 소비자를 가치창출 과정에 참여시킴으로써 기업은 소비자가 원하는 제품과 서비스를 알 수 있게 되고 참여한 소비자는 자신들이 원하는 제품과 서비스를 요구하여 그들이 진정 원하는 제품과 서비스를 가질 수 있게 되는 윈윈하는 전략이라는 것이다(홍순구 외, 2014).

〈표 2-1〉은 전통적인 소비자와 Co-creation을 위한 새로운 소비자의 특성을 보여주고 있다.

표 2-1 새로운 소비자의 특징

구 분	예전의	새로운
정체성	소비자, 응답자	현실적 사람, 창조적 파트너
역 할	수동적: 가치의 소비자	능동적 협력자(Collaborator): 가치 공동창조
회사와의 접점	거래 중심(Transaction-based)	상호작용, 경험 중심
위 치	정해지고 보이지 않는: 긴 가치사슬의 한쪽 끝	조정할 수 있고 잘 보이는: 언제라도, 어디서라도
가치 컨셉	회사 제공: 한 사이즈가 모든 것에 맞춰짐	소비자 결정: 맞춤, 특별한
가치에 대한 관점	브랜드 안에 무엇이 있는가: 특징, 속성	어떤 소비자가 브랜드와 함께 하는가: 특별한 해결방식과 커스터마이징된 경험

출처: Bhalla, 2010; 김미현, 2014.

Co-creation은 참여와 협력, 이를 통한 가치창출이 핵심이다. 김미현(2014)의 연구에서 Co-creation 과정에 영향을 미치는 요인으로 〈표 2-2〉와 같이 개방형 운영방식, 공동목표의 추구, 아이디어 촉진, 의사결정력 등을 제시하였다.

표 2-2 Co-creation에 영향을 미치는 요인

구 분	중요한 이유	이 점
개방형 운영방식	– 디자이너가 사용자의 경험이나 니즈를 잘못 파악할 수 있음. – 사용자중심이 아닌 디자이너의 견식이 중심이 되는 디자인이 될 수 있음.	– 디자이너가 생각하지 못한 가능성에 대해 탐색할 수 있음. – 도출되는 데이터의 신뢰도를 확보할 수 있음.
아이디어 촉진	– 비전문가가 아이디어 생성과정에 함께 참여하기 때문에 디자인사고나 시각적 표현에 익숙하지 않아 사기를 저하시킬 수 있음. – 참여자가 방관자가 될 수 있음.	– 다양한 가능성과 아이디어가 창출되고, 결과물에 서비스를 이루는 구성원들의 실제적인 인사이트를 반영할 수 있음.
공동 목표의 추구	– 이해관계자가 각자의 이익만을 추구할 수 있음. – 하나의 목표를 공유하고 원활한 협업을 도모해야 함. – 이해관계자에게 적극성을 부여할 수 있음.	– 이해관계자 간의 소통의 문제를 해결하고 목적을 공유할 수 있도록 함. – 이해관계자에게 서비스에서 자신의 역할을 인지시키며 자신의 업무에 동기가 부여될 수 있음.
의사결정력	– 아이디어와 의견이 많아짐. – 참여자들의 의견을 적절하게 수렴하는 일이 디자인 만족도에 직접적인 영향을 미침.	– 발산된 의견이나 데이터를 수렴하여 중요한 인사이트를 도출함으로써 디자인 방향성을 잃지 않게 하고, 이해관계자 간의 원활한 합의를 유도함.

출처: 김미현, 2014, p. 67.

이러한 Co-creation은 기업과 같은 영리조직뿐만 아니라 정부, 공공기관, 학교 등 비영리조직과 지역 및 이해관계자들과의 갈등조정 등 새로운 사회문제의 해결에도 적용할 수 있다(한세억, 2013).

지역혁신 거버넌스를 위한 문제해결에 Co-creation을 활용하면 정부, 주민, 전문가 등 지역사회의 다양한 이해관계자들이 참여하고 협력하여 가장 최선의 방법으로 사회문제를 해결할 수 있게 된다는 것이다(홍순구 외, 2014).

〈표 2-3〉은 지방정부와 로컬거버넌스, Co-creation을 비교한 것이다.

표 2-3 지방정부와 로컬거버넌스, Co-creation의 비교

구 분	지방정부	로컬거버넌스	Co-creation
제 도	적음	많음	필수적 다양성
관료조직	계층적/통합	분산/분절	분산/유연
수평네트워크	폐쇄적	광범위	개방, 광범위
국제적 네트워크	최소한	광범위	광범위, 연계
민주적 연계	전형적	전형적+새로운 실험	협력, 참여, 소통
정책과정 해결책의 소스	경직됨 지방정부	혁신적, 학습적 지방정부+시민사회	창조적 시민(주민) 주도
중앙정부	직접통제	분권화+최소한의 간섭	파트너십
리더십	집단적	시장	공동체 구성원
지 향	문제해결	문제해결	문제해결+가치창출

출처: 홍순구 외, 2014, p. 11.

제 3 장

Co-creation 활용 방법론

1. 브레인스토밍

(1) 개 요

브레인스토밍(Brainstorming)은 '두뇌폭풍'이라는 단어가 가진 의미처럼 특정한 문제나 주제에 대해서 사람의 머릿속에서 마치 폭풍이 몰아치듯이 불현듯 생각나는 의견 및 아이디어를 모두 쏟아낸다는 것이다.

브레인스토밍은 일정한 테마 또는 문제와 관련된 아이디어를 구하기 위해 회의형식을 채택하며, 구성원들의 자유발언을 통해 새로운 아이디어의 제시를 요구하여 문제해결 방안을 모색하는 방법이다. 이를 위해 한 사람보다는 여러 사람들이 참여하도록 하는 것이 다수의 아이디어를 확보할 수 있기 때문에 효과적이다. 즉, 아이디어 수가 많을수록 질적으로 우수한 아이디어가 나올 가능성이 많다는 원리에 기인하는 방법이라고 할 수 있다.

(2) 방법 및 절차

브레인스토밍은 참여자가 자유롭게 아이디어를 제시하기 위해 먼저 문제해결을 위한 책임자를 정한다. 이후 정해진 책임자는 조용한 장소 및 책상, 종이 등 회의를 위한 준비를 한다. 다음으로 참여자가 의견 및 아이디어를 제시하면 이를 모두 기록한다. 아이디어를 제시하는 회의가 끝이 나면 내용 평가는 하루 정도 지난 후 실현 가능성, 독자성 등의 평가기준에 따라 평가한다.

브레인스토밍의 절차 및 방법은 〈그림 3-1〉과 같다.

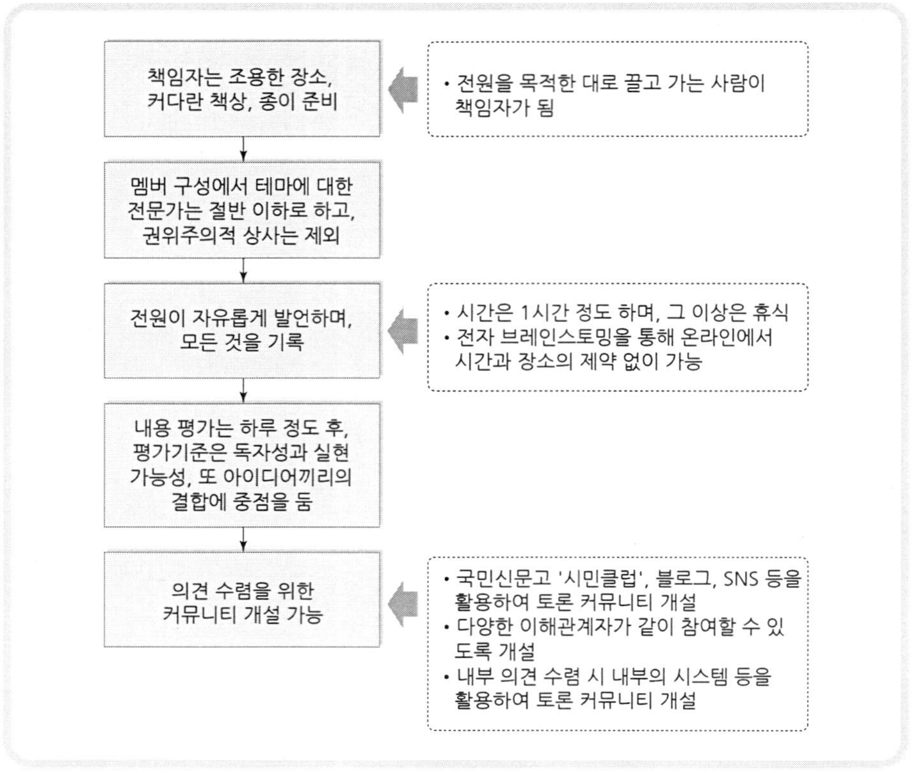

그림 3-1 브레인스토밍 절차 및 방법

(3) 유의사항

브레인스토밍은 혁신적인 아이디어 도출을 위해 어떠한 내용의 발언이라도 아이디어를 제시한 사람에 대해 비판해서는 안 되며, 오히려 자유분방하고 엉뚱하기까지 한 의견을 출발점으로 해서 아이디어를 전개시켜 나가도록 하는 것이 필요하다(이진희, 2007). 이러한 관점으로 브레인스토밍에서는 다음과 같은 4가지 규칙을 가지고 있다(이지현, 2013).

첫째, 브레인스토밍은 '양이 질을 낳는다'는 원칙을 살리기 위한 것으로 어떠한 경우에도 비판하지 않는 것이다.

둘째, 자유분방하게 의견 및 아이디어를 제시할 수 있도록 하는 것이다. 이 규칙은 표출된 아이디어는 물론 참가자들의 사고의 방법에 대한 형식까지도 타파하기 위한 것이다. 즉, 머리에 떠오르는 모든 생각이나 아이디어는 무조건 제시하여야 한다는 것을 의미한다.

셋째, 질보다 양을 추구해야한다. 아이디어를 찾아내기 위한 방법으로 브레인스토밍에서는 판단은 뒤로 미루고, 무엇보다 양을 추구하는 것이 중요하다.

넷째, 지속적인 결합과 개선을 추구하여 새로운 아이디어를 만들어 내는 것이다. 즉, 브레인스토밍의 장점이라고 할 수 있는 하나의 아이디어에서 서로 결합하고 발전적인 상호작용이 이루어져서 보다 나은 새로운 아이디어가 나올 수 있는 연쇄반응을 기대할 수 있다.

(4) 적용 사례

브레인스토밍의 적용사례로 브레인 라이팅(Brain Writing)과 전자 브레인스토밍(Electronic Brainstorming) 등이 있다.

브레인 라이팅은 문제나 해결방법에 대해 짧은 시간에 최대한 많은 의견을 수집·공유하고자 할 때 실시한다.

브레인 라이팅에서는 6명 이내의 참가인원으로 30~60분 동안 절차를 진행한다. 절차에서는 가능한 회의 주제를 모든 사람이 볼 수 있도록 게시하고, 인원에 맞게 종이와 필기도구를 배포한다. 조용한 환경에서 주제와 관련된 아이디어를 종이에 기록하도록 하고 기록이 끝나면 자신의 종이를 옆 사람에게 전달하여 옆 사람의 아이디어를 실마리 삼아 자신의 아이디어를 추가로 기술하는 시간을 가진다. 각각의 종이에 다양한 아이디어가 채워질 때까지 반복하며 모든 과정이 끝나면 수집된 아이디어를 객관적으로 평가, 배제, 결합, 발전시킨다.

브레인 라이팅의 예시는 〈그림 3-3〉과 같다.

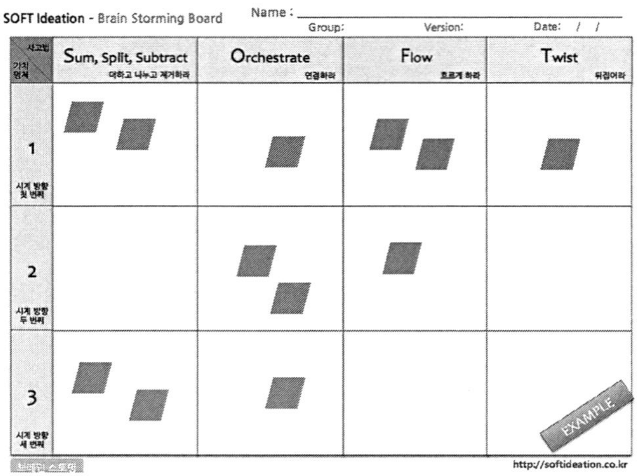

SOFT Ideation - Brain Storming Board　　Name :

Group:　　Version:　　Date: / /

사고법 / 가치 명제	Sum, Split, Subtract 더하고 나누고 제거하라	Orchestrate 연결하라	Flow 흐르게 하라	Twist 뒤집어라
1 시계 방향 첫 번째				
2 시계 방향 두 번째				
3 시계 방향 세 번째				EXAMPLE

http://softideation.co.kr

그림 3-2 브레인스토밍 사례

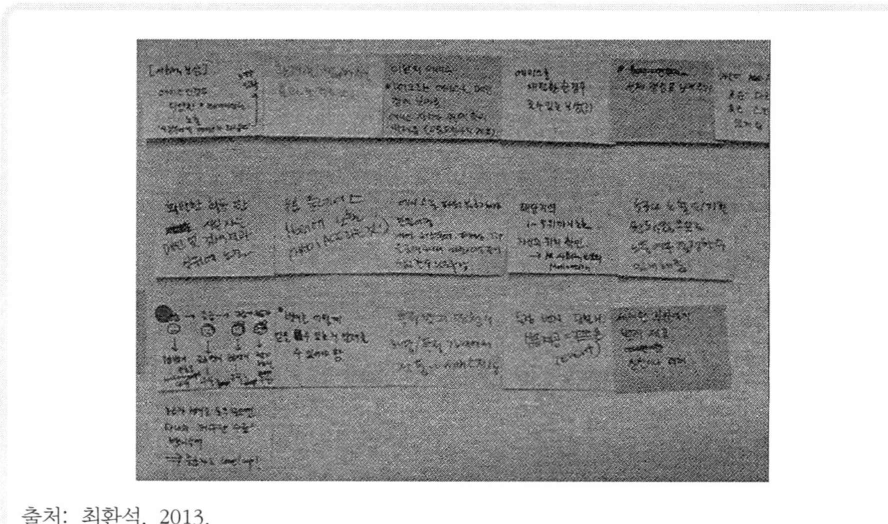

출처: 최환석, 2013.

그림 3-3 브레인라이팅 예시

전자 브레인스토밍은 동일한 장소에서 화면을 보면서 각자의 컴퓨터로 자신의 아이디어를 입력하거나 같은 장소에 모이지 않더라도 네트워킹으로 연결된 컴퓨터 및 모바일로 타인의 아이디어를 보면서 자신의 아이디어 및 의견을 입력하도록 한다. 인터넷 및 모바일 등의 네트워킹으로 참여하기 때문에 같은 시간 및 같은 장소에 함께 있을 필요가 없고 익명성이 보장되며 저장과 인출이 자유로워 타인의 생각을 언제든지 확인할 수 있기 때문에 중복되는 아이디어를 생성하는 데 소비되는 시간을 현저히 줄여 주는 장점이 있다(하상현, 2002).

leader: 안녕하십니까? 지금부터 냉장고를 발전시켜보는 브레인스토밍을 해 보도록 합시다. 그럼 자신이 개인 브레인스토밍한 내용이나 지금 브레인스토밍을 하면서 떠오르는 아이디어를 아무런 거리낌없이 내어 주시기 바랍니다.

foerg051: 냉장고에서 시원한 물이 나오면 좋겠습니다. 왜냐하면 더운 여름에 냉장고에 있는 시원한 물을 바로 먹을 수 있기 때문입니다.

im5540: 냉장고에 정수기가 달려 있었으면 좋겠습니다.

akdir: 아주 빨리 물을 얼릴 수 있는 초고속 냉장고는 정말 필요할 것 같아요. 왜냐하면 급하게 얼음이 필요할 때가 많잖아요?

im5540: 냉장고의 문을 아래 위로 열리도록 하면 좋겠습니다. 위의 문은 아래로 아래 문은 위로 열리면 편리할 것 같습니다.

foerg051: 냉장고에 전화기가 달려 있으면 좋겠습니다. 부엌에서 일하다가 전화가 오면 냉장고에 있는 전화기로 전화를 받을 수 있잖아요.

rkfka5700: 냉장고 안에 있는 것 중에서 먹고 싶은 걸 말하면 자동으로 그 음식이 나오도록 만들면 참 편리할 것 같군요.

foerg051: 저는 우리가 '문열어'라고 말하면 열리는 음성인식이 되는 냉장고가 있으면 좋겠습니다. 말을 알아 듣는 휴대폰도 있잖아요.

그림 3-4 전자 브레인스토밍 예시

그림 3-5 동아대학교 수업 중 소통 문제 브레인스토밍 사례

(5) 관련 기사

클라이언트와 함께한 브레인스토밍에서 낚아챈 순간의 아이디어! "크래미"

2017년 프리미엄 게맛살 시장점유율 1위로 프리미엄 게맛살 브랜드의 대명사가 된 "크래미"의 강력한 브랜드 파워 덕분에 움츠렸던 한성기업이 기지개를 켜고 있다. 주력상품인 "크래미"와 레시피에 변화를 준 다양한 크래미 시리즈들이 편의점 진열대에 등장해 바쁜 학생들과 직장인들을 유혹하고 있다. 국내뿐만 아니라 중국, 일본, 대만 소비자들도 대형할인매장에서 이 회사의 제품을 구입해 가정 내 식탁에 올리고 있다.

1963년에 설립된 한성기업은 700개 이상의 제품을 보유한 국내 대표 식품회사 중 하나다. 지금은 수산가공식품, 축산가공식품, 편의점용 간편식 등 다양한 식제품을 판매하고 있지만 처음에는 수산업 전문회사로 시작했다.

1969년에 국내 최초로 북태평양 조업에 나서 국내 원양어업의 새 장을 열었으며, 현재 총 12척의 선박이 다양한 제품 생산과 수출을 위해 어업을 하고 있다.

1972년 명태 필렛(먹기 좋게 살만 손질한 고기)을 국내 최초로 생산해 맛살, 젓갈, 참치캔 등으로 제품을 늘려간 이 회사는 수산가공식품 외에 축산가공식품, 냉동식품 등으로 지속적으로 사업을 확대하고 있다.

오랜 전통과 최고의 맛을 만들어내는 탄탄한 시스템을 보유한 회사이지만 지금의 "크래미"가 탄생하기까지는 어려움도 있었다.

게맛살은 1980년대 초반부터 국내에 시판되기 시작해, 1990년대 초 1,000억원의 매출로 당시에는 경이적인 판매량을 기록하며 단독 상품군으로 자리매김했다. 그러나 경쟁사의 난립과 김밥 용도라는 일반맛살 시장의 한계에 부딪혔다.

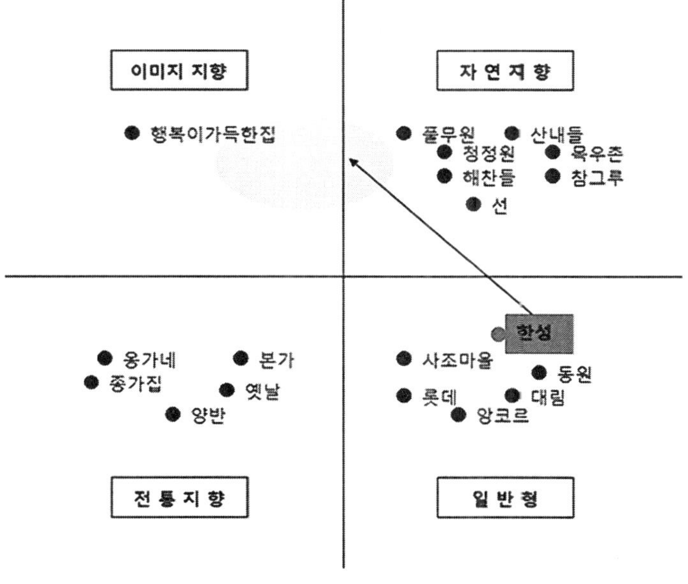

2000년 한성기업은 시장의 한계를 극복하고 새로운 성장동력을 확보하고자 프리미엄 게맛살을 출시하기로 하였으며, 2000년 8월 1일 시작된 브랜드 개발은 한 달 내에 네임을 결정해야 하는 매우 긴박한 상황이었다. 하지만 급할수록 돌아가라는 속담처럼 팀원들은 기본에 충실하기로 하고 첫 번째로 새롭게 개발되는 프리미엄 게맛살의 USP를 찾기 위해 제품 분석을 하였다.

이때까지만 하여도 게맛살은 진짜 게살로 만드는 줄 알았다. 하지만 게맛살은 게살로 만드는 것이 아니라 명태살과 전분 등으로 만들며 명태살이 많이 들어간 것 즉, 연육 함량도가 높은 제품이 진짜 게살에 가까운 맛을 낸다는 사실을 알게 되었다.

한성기업에서 새롭게 만들고자 한 프리미엄 게맛살은 일반 명태살 대신 알래스카산 고급 명태살을 쓰고, 함량을 기존 제품의 60%보다 월등히 높은 85.2%로 높였으며, 육질도 실제 게살처럼 비스듬히 찢어지게 만들어 확실한 차별화를 시키는 제품이었다.

두 번째는 기존 게맛살 브랜드와 유사 식품 브랜드에 대한 분석을 하였다. 분석 결과 당시의 게맛살 브랜드는 특별히 차별화된 네임이 없었고 한

성게맛살, 동원게맛살 등처럼 기업 브랜드 네임을 확장해서 쓰는 경우가 대부분이었기 때문에 브랜드 네임도 제품처럼 확실하게 차별화시킬 수 있는 이미지로 포지셔닝시키는 전략을 선택하였다.

세 번째로 브랜드 네임 개발 방향은 확실하게 차별화된 제품의 USP에 맞게 "진짜 게살로 만든 것 같은 게맛살"을 표현하기로 하고 네임을 개발하여 8월 17일, 22일, 25일 총 3회에 걸쳐 브랜드 네임에 대한 보고를 하였다.

모든 브랜드 네임이 그렇듯이 한성기업도 마찬가지로 생전 처음 들어보는 브랜드 네임이라 생소해 하므로 좀 더 친숙한 네임이 좋겠다고 하였다. 하지만 생소하지 않고 친숙한 네임이라면 확실하게 차별화된 제품을 대표할 수 없기 때문에 지금까지 없었던 확실한 차별화가 브랜드의 생명이라 설득을 하였고, 대신 네임의 뜻을 쉽게 이해하여 조금이나마 친숙함을 느낄 수 있도록 브랜드 네임에 게를 의미하는 영어 Crab을 직접적으로 표현한 조어의 네임을 다양하게 만들어 보고를 하였다.

다수의 보고 안 중 크래비아(Crabia: 현재 사조대림의 크라비아와 유사)가 좋을 것 같다는 의견이 있었지만, 다른 한 편에서 4음절이라 길게 느껴지니 짧게 줄였으면 좋겠다고 하여 회의를 마치지 않고 회의 석상에서 모든 참석자들이 자유롭게 브레인스토밍을 하였다.

브레인스토밍을 하던 중 크랩(Crab)이 맛있다, 맛있는 크랩(Crab)이라는 이야기가 나오는 순간 무의식적으로 뇌가 반응을 하여 "맛(味)있는 게맛살"은 "크래미"라는 단어가 번쩍 떠올라 후보 안으로 추천이 되었다. 이 후 경영진 보고를 거쳐 최종 안으로 결정이 되었다.

55년 전통의 맛과 한성기업을 대표하는 "크래미"가 대한민국, 미국, 유럽을 넘어 중국, 일본, 홍콩, 대만 등 아시아권 지역에도 사랑 받는 브랜드로 나아가길 기대해 본다.

〈서울와이어, 신동호 기자, 2017. 11. 16., http://www.seoulwire.com/news/articleView.html?idxno=2792〉

2. 이해관계자 지도

(1) 개 요

이해관계자는 경영학 분야에서 등장한 개념으로 학자들의 다양한 정의가 존재하나 대부분 Freeman(1984)의 정의에 뿌리를 두고 있다. Freeman은 이해관계자를 좁은 의미로 기업 활동의 존속과 유지를 위해 활동하는 주요 집단으로 보았고, 넓은 의미로는 조직의 목표 달성에 영향을 미치거나 영향을 미칠 수 있는 모든 그룹 또는 개인으로 정의하고 있다. 이러한 정의를 바탕으로 이해관계자 지도는 프로세스의 이해관계자를 파악하며 그들의 요구사항과 동기를 고려하고, 각 요소별로 연결 관계를 파악하는 데 유용한 기법이다(천수경과 연명흠, 2017).

(2) 방법 및 절차

이해관계자 지도는 먼저 이해관계자를 찾아내는 것이 중요하다. 이해관계자를 찾아서 글, 사진 등 가장 편리한 방법으로 이해관계자 지도를 제작한다. 구체적인 방법 및 절차는 〈그림 3-6〉과 같다.

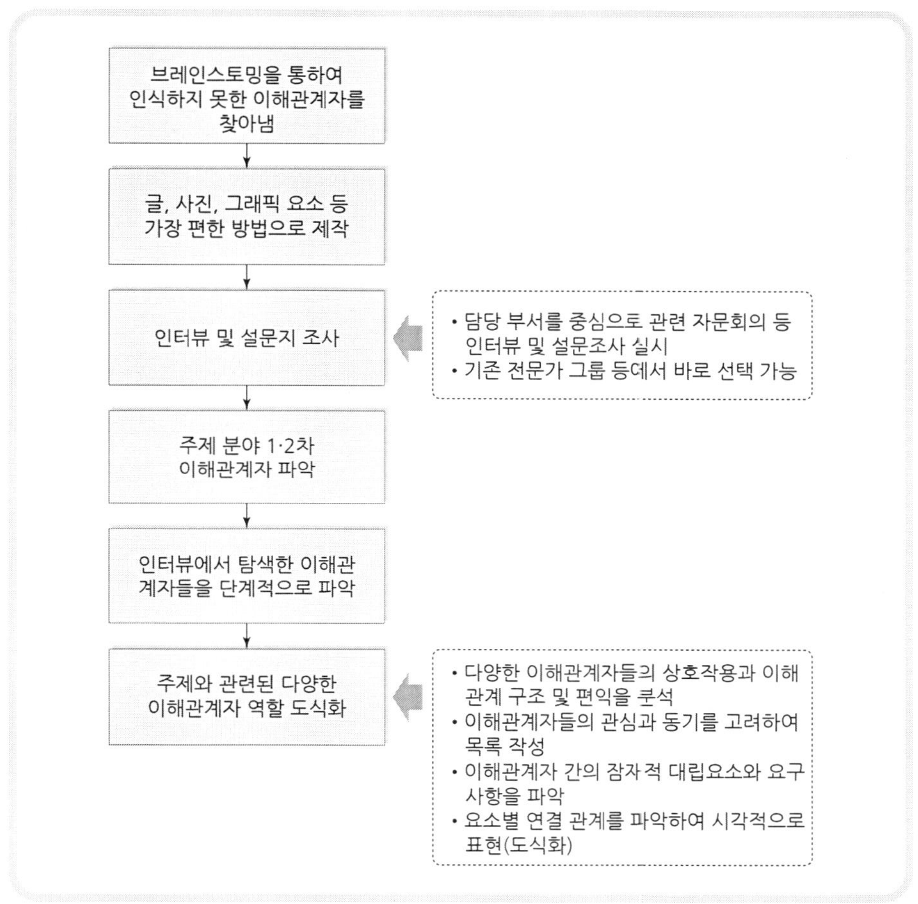

그림 3-6 이해관계자 지도 방법 및 절차

(3) 유의사항

이해관계자 지도에서 유의할 사항으로 내외부의 이해관계자가 프로젝트에 대한 각자의 역할의 중요성과 다른 사람들과의 관계에 대한 세부사항을 인지해야 한다.

(4) 적용 사례

Carnegie Mellon University, Happier+Healthier 프로젝트 사례는 대학 내 학생 건강 서비스 센터(Student Health Services Center) 직원들의 업무효율 향상과 환자의 안정을 위한 서비스 디자인을 제안하기 위한 프로젝트이다. 이 프로젝트에서는 제안된 서비스 디자인이 실행가능하고 효과적일 뿐만 아니라 오랜 시간 지속 가능하기 위한 요소로 내부 이해관계자들에게 제공할 효과적인 도구(tool)가 무엇인지 파악하고, 각 이해관계자들은 어떤 영향을 주고받는지를 파악하며, 유용한 통찰력을 얻기 위해 먼저 각 이해관계자들을 나열하고 그에 따른 특성들을 연결시켜 이해관계자 지도를 〈그림 3-7〉과 같이 작성하였다(한국디자인진흥원, 2013).

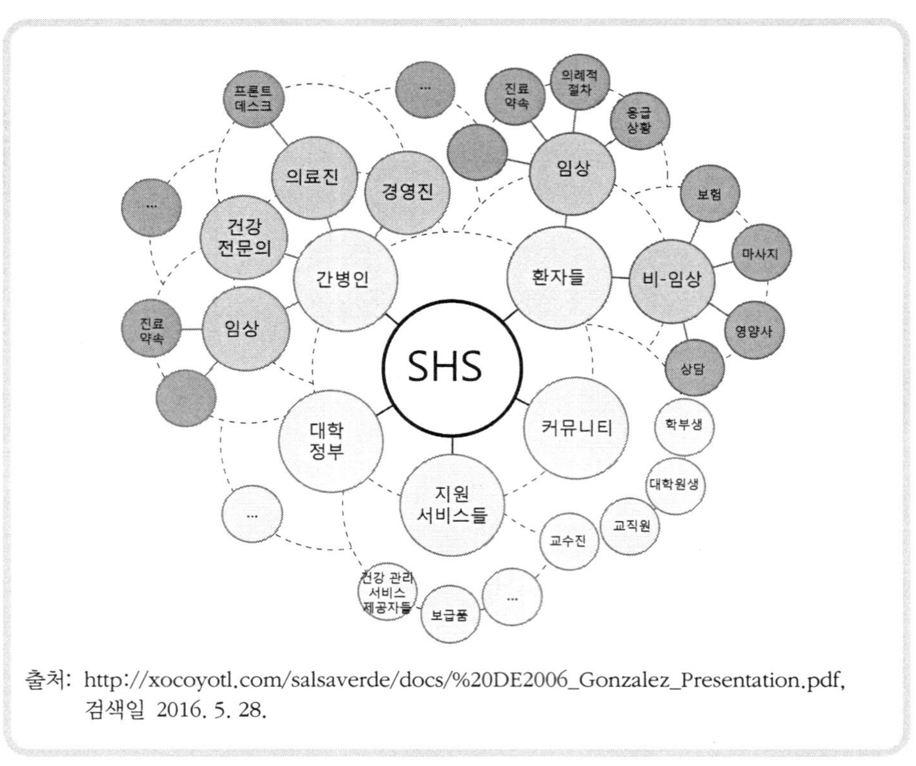

출처: http://xocoyotl.com/salsaverde/docs/%20DE2006_Gonzalez_Presentation.pdf, 검색일 2016. 5. 28.

그림 3-7 이해관계자 지도

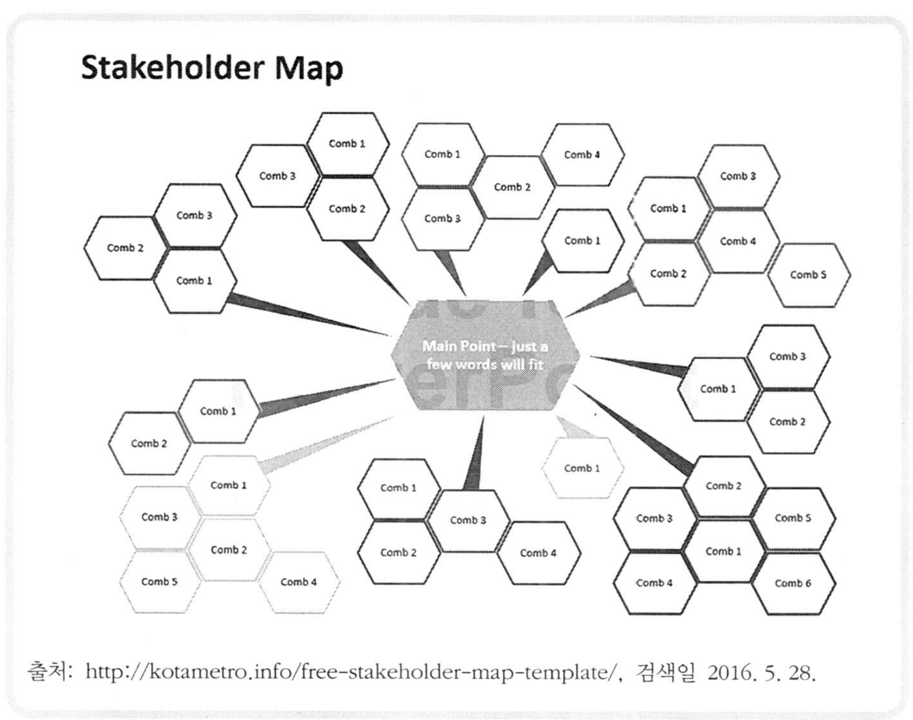

출처: http://kotametro.info/free-stakeholder-map-template/, 검색일 2016. 5. 28.

그림 3-8 이해관계자 지도 사례

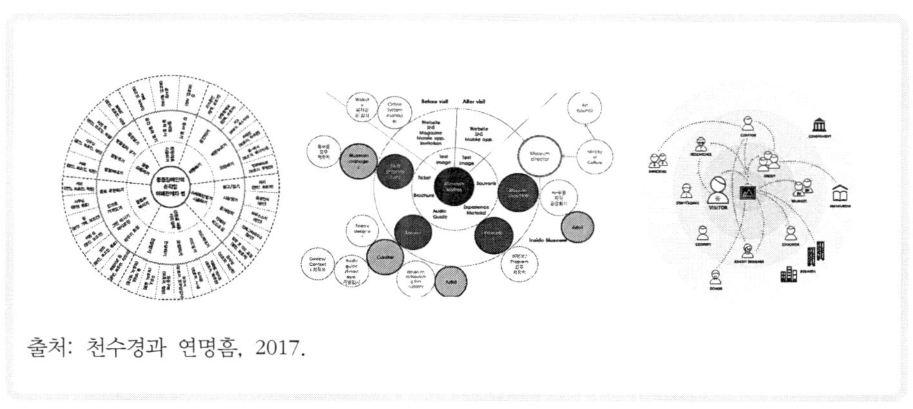

출처: 천수경과 연명흠, 2017.

그림 3-9 관행적으로 사용되는 동심원 형태의 이해관계자 지도의 모습

(5) 관련 기사

양평군 쉬멍 국민디자인단, 행정안전부 장관상 수상

양평군 국민디자인단이 지난 24일 오후 서울 이화여대 삼성교육문학관에서 열린 '2017년 국민디자인단 성과공유대회'에서 행정안전부 장관상을 수상했다. 행정안전부 주최로 개최된 국민디자인 성과공유대회는 국민이 정책과정에 실제로 참여하는 것을 목적으로 2014년부터 매년 실시하는 행사다. 이번 행사는 국민이 직접 참여한 정책결정 성과를 공유하는 대회로, 전국 273개 디자인 과제를 대상으로 심사를 거쳐 30개 기관에 대한 우수사례 시상이 이뤄졌다.

이번 성과대회에서 양평군 쉬멍 국민디자인단은 '수요자 맞춤형 쉬자파크 산림문화휴양 서비스 개선'을 주제로 한 정책 개선 노력이 높은 평가를 받아 행정안전부 장관상을 받은 것으로 알려졌다.

쉬멍 국민디자인단은 양평쉬자파크의 효율적인 운영을 위해 주민, 전문가, 서비스디자이너, 공무원 등 12명으로 구성되었다. '쉬멍'은 '쉬다'의 '쉬'

와 '멍때리다'의 '멍'을 합쳐서 '잡념 없이 쉰다'는 뜻이다. 그동안 쉬멍 국민디자인단은 11차례에 걸친 워크숍을 진행하며 정책 발굴을 위한 노력을 펼쳐왔다. 특히, 고객 심층인터뷰와 설문조사를 통해 발견한 매력포인트와 페인포인트(Pain Point)를 중심으로 고객여정 지도, 이해관계자 지도 등 고객 입장에서의 개선점을 찾고자 노력한 결과물을 반영해 기존의 생태관광자원의 한계를 벗어나 고객 눈높이를 맞추는 생태관광 프로그램으로의 방향성을 제시하며 지역주민 참여형 정책 개발 사례로 인정받았다.

전영호 기획예산담당관은 "국민참여형 정책모델인 국민디자인단 활동이 사회혁신의 주요 수단으로 자리매김할 수 있도록 노력할 것"이라며 "우수성과 사례가 보다 확대되고 성공적으로 실행될 수 있도록 적극적으로 지원할 계획"이라고 밝혔다.

〈경기일보 기사 중 일부, 장세원 기자, 2017. 11. 26., http://www.kyeonggi.com/?mod=news&act=articleView&idxno=1417091〉

3. 고객여정지도(Customer Journey Map)

(1) 개 요

고객여정지도는 고객과 제공자 간의 접점과 고객과 직접 만나지 않지만 고객이 서비스를 이용하면서 체험한 경험을 시계열적·순차적으로 배열하는 것이다. 이는 고객이 서비스를 이용하는 여정을 시각화하는 방법으로 사용자가 서비스를 어떻게 받아들이고 사용하는지, 또 그것을 어떻게 주변에 전달하는지 등 서비스의 특징을 사용자 관점에서 파악할 수 있게 한다. 또한 고객이 서비스를 경험하게 되는 과정을 정의하고, 그 과정에서 생기는 고객 체험을 시각화하기 위해 사용하는 방법이다(이명희, 2010).

(2) 방법 및 절차

고객여정지도의 방법으로 쿠마(Kumar, 2013)는 〈그림 3-10〉과 같이 7단계로 작성하고 있다(김은정과 정의철, 2015).

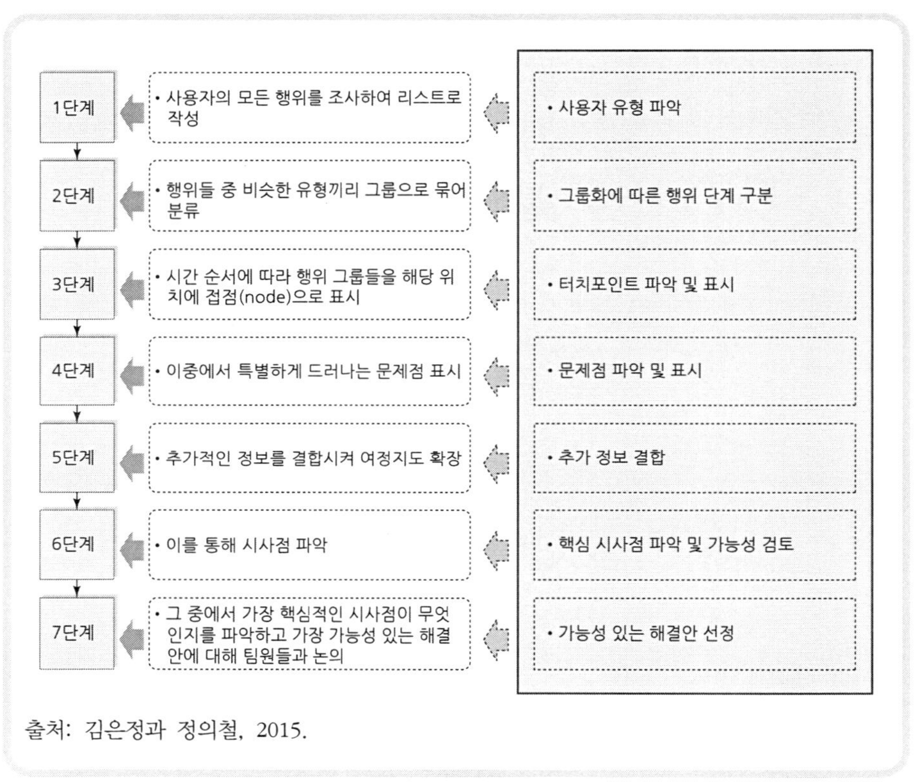

출처: 김은정과 정의철, 2015.

그림 3-10 고객여정지도 7단계 방법 및 절차

(3) 유의사항

고객여정지도는 서비스와 상호작용 개선을 위한 근간이 되는 서비스 분석의 기본 프레임워크로 서비스를 이용하는 고객의 경험을 시간의 흐름에 따라 기술하여야 한다. 또한 고객의 경험과 서비스가 상호작용하는 서비스 접점과 고객이 간접적으로 서비스를 이용하면서 체험하게 되는 부분들을 순차적으로 배열하여야 한다(오현우와 함동한, 2017).

(4) 적용 사례

한동대학교에서는 고객 경험에 기반한 고객여정지도를 4가지로 구분하여 작성하였다(한국디자인진흥원, 2013).

첫째, 시간의 흐름에 따라 진료 순서를 적고, 주요 터치포인트를 작성하였으며, 관련된 데이터를 묶어서 배열하여 정형외과 외래진료 고객여정지도를 작성하였다.

둘째, 세로축은 물리적 주변환경, 의사, 간호사, 환자의 내재된 감성, 다루고 있는 정보에 따라 데이터 분류 기준을 마련하였다.

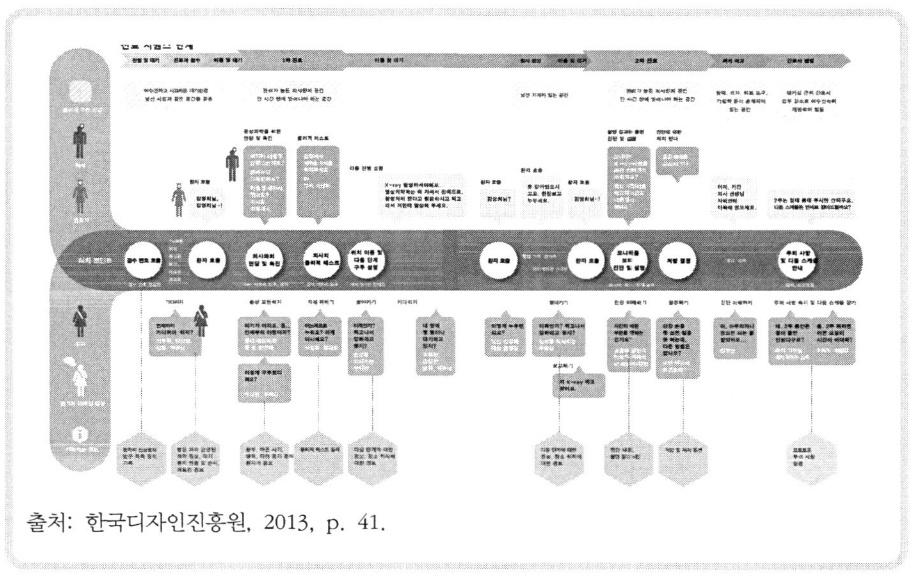

출처: 한국디자인진흥원, 2013, p. 41.

그림 3-11 고객여정지도 사례

셋째, 가로축은 진료 순서별로 나누어 주요 이슈들을 정리하였다.

넷째, 앞서 추출된 통찰력을 기본으로 각 단계별로 의료진과 환자가 만나는 주요 터치포인트를 작성하여 통찰력을 얻기 수월하도록 시각화하였다.

또다른 고객여정지도 사례로 K 드라이버를 들 수 있다. K 드라이버는 기존 콜센터 기반의 대리운전 서비스가 가지고 있는 문제를 해결하였는지 검증하기 위해 고객여정지도를 그렸다. 이를 통해 대리운전 서비스 이용자의 다양한 단계별 고충을 해소하고 대리운전 기사들의 실질적인 고충을 해결하고 있다는 것을 확인하였다. 무엇보다 K 드라이버에서는 K 드라이버에 속한 대리운전 기사라는 프라이드와 충성도를 대리운전 기사들이 가질 수 있다는 점을 제시하였다.

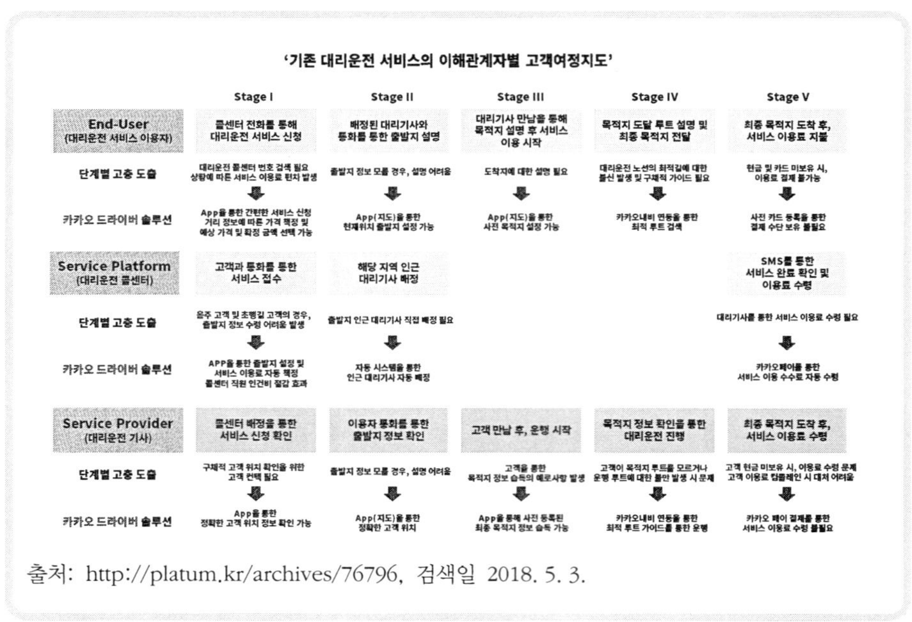

'기존 대리운전 서비스의 이해관계자별 고객여정지도'

	Stage I	Stage II	Stage III	Stage IV	Stage V
End-User (대리운전 서비스 이용자)	콜센터 전화를 통해 대리운전 서비스 신청	배정된 대리기사와 통화를 통한 출발지 설명	대리기사 만남을 통해 목적지 설명 후 서비스 이용 시작	목적지 도달 루트 설명 및 최종 목적지 전달	최종 목적지 도착 후, 서비스 이용료 지불
단계별 고충 도출	대리운전 콜센터 번호 검색 필요 상황에 따른 서비스 이용료 편차 발생	출발지 정보 모를 경우, 설명 어려움	도착지에 대한 설명 필요	대리운전 노선의 최적길에 대한 불신 발생 및 구체적 가이드 필요	현금 및 카드 미보유 시, 이용료 결제 불가능
카카오 드라이버 솔루션	App을 통한 간편한 서비스 신청 거리 정보에 따른 가격 책정 및 예상 가격 및 확정 금액 선택 가능	App(지도)을 통한 현재위치 출발지 설정 가능	App(지도)을 통한 사전 목적지 설정 가능	카카오내비 연동을 통한 최적 루트 검색	사전 카드 등록을 통한 결제 수단 보유 불필요
Service Platform (대리운전 콜센터)	고객과 통화를 통한 서비스 접수	해당 지역 인근 대리기사 배정			SMS를 통한 서비스 완료 확인 및 이용료 수령
단계별 고충 도출	음주 고객 및 초행길 고객의 경우, 출발지 정보 수령 어려움 발생	출발지 인근 대리기사 직접 배정 필요			대리기사를 통한 서비스 이용료 수령 필요
카카오 드라이버 솔루션	APP을 통한 출발지 설정 및 서비스 이용료 자동 책정 콜센터 직원 인건비 절감 효과	자동 시스템을 통한 인근 대리기사 자동 배정			카카오페이를 통한 서비스 이용 수수료 자동 수령
Service Provider (대리운전 기사)	콜센터 배정을 통한 서비스 신청 확인	이용자 통화를 통한 출발지 정보 확인	고객 만남 후, 운행 시작	목적지 정보 확인을 통한 대리운전 진행	최종 목적지 도착 후, 서비스 이용료 수령
단계별 고충 도출	구체적 고객 위치 확인을 위한 고객 컨택 필요	출발지 정보 모를 경우, 설명 어려움	고객을 통한 목적지 정보 습득의 애로사항 발생	고객이 목적지 루트를 모르거나 운행 루트에 대한 불만 발생 시 문제	고객 현금 미보유 시, 이용료 수령 문제 고객 이용료 컴플레인 시 대처 어려움
카카오 드라이버 솔루션	App을 통한 정확한 고객 위치 정보 확인 가능	App(지도)을 통한 정확한 고객 위치	App을 통해 사전 등록된 최종 목적지 정보 습득 가능	카카오내비 연동을 통한 최적 루트 가이드를 통한 운행	카카오 페이 결제를 통한 서비스 이용료 수령 불필요

출처: http://platum.kr/archives/76796, 검색일 2018. 5. 3.

그림 3-12 기존 대리운전 서비스의 이해관계자별 고객여정지도

(5) 관련 기사

[삶과 문화] 언어보다 앞선 소통 수단, '보려는' 마음

언어는 나와 다른 사람을 이어주는 창문이며 성공을 위한 열쇠이다. 과거와 미래가 소통하는 것도 언어를 통해서다.

언어의 탄생으로 인류의 지식은 축적됐고 문명은 꽃을 피웠다. 그런데 상대방의 생각을 헤아리기 어렵고 같은 말이라도 상황에 따라 달리 받아들여지기 때문에 소통은 매우 어렵다. 특히 낯선 곳 낯선 사람과 만나면 소통이 여간 만만치 않다. 외국에 나가 식사를 마치고 계산서(Bill)를 달랬더니 맥주(Beer)가 나온 마냥 웃기에도 민망한 일을 한두 번은 겪었을 터이다. 남의 부탁을 들어 줄 때는 외국어가 술술 통하다가도 내가 부탁하려 들면 의사소통이 잘 안 된다. 심지어 '맥도날드' 발음도 못 알아듣는 체하는 외국인도 있다. 두(Two) 개를 달라면 무엇이든 꼭 네(Four) 개를 줘 곤란해 하던 선배도 있다.

아마도 소통의 핵심이 관심이라서 그럴 것이다. 관심은 다른 사람의 의도와 처지를 잘 보려는 마음이다. 잘 '보려는' 마음에는 포용, 관용, 용서와 같은 너그러운 감성과 이성적 영역인 의지까지 다 들어 있다. 영화 '러브 액추얼리'에서 다른 나라 사람을 사랑하게 된 주인공은 상대방의 언어를 공부한다. 한 친구는 성경의 참맛을 보겠다며 최근 히브리어 공부를 시작했다. 영화 'her' 주인공은 대화가 통하는 컴퓨터 운영체제와 사랑에 빠진다. 말이 통한다면 무엇과도 사랑에 빠질 수 있고 말이 통하기 위해서는 상대방을 보려는 마음이 먼저다.

사업을 할 때 고객 입장에 서보는 것이 중요하다. 그래서 모든 서비스와 상품을 고객 관점에 맞춰 디자인한 고객여정지도(Customer Journey Map)가 널리 활용된다. 영국 런던에 살았던 전기 기술자 해리 벡은 전기회로도에서 영감을 얻어, 보는 사람이 필요한 정보를 빠르고 쉽게 알 수 있도록 생략과 왜곡이 지나친 지금의 지하철 노선도를 처음 만들었다. 고객여정지도는 이를테면 고객을 향한 기업의 바디랭귀지이고 지하철 노선도는 선의의 거짓말인데 모두 상대를 잘 보려는 마음에서 나온 발명품들이다. SNS를 통한 바이럴 마케팅은 주목 받지 못한 영화, 소리를 낼 창구를 찾지 못한 음악, 시장의 파도에서 얼굴도 들이밀지 못하는 상품들을 새로운 시선으로 들여다보고 다시 집어 올리는 마법의 솔루션이다. 아무리 인공지능을 활용한 마케팅이더라도 디지털에 남겨진 수 많은 시그널과 데이터에서 고객의 생각을 잘 들여다보려는 마음이 결국은 성공과 실패를 가를 것이다.

결혼을 사랑이 가장 시험 받는 공간이라고 말한 게리 토마스의 말이 아니더라도 남성이 여성과 대화하려면 '금성의 언어'를 배우는 것이 지혜로운 자세다. 결혼 후에도 로맨스가 지속될 것이라는 기대 또한 '그 후 행복하게 살았다'는 동화책의 결말만큼이나 허망하기 일쑤지만 둘 다 여러 세대에 걸쳐 가능하지 않은 것을 기대하게 만드는 묘한 매력 때문에 자꾸 빠져든다. '서로 똑같으리라는' 터무니없이 잘못된 믿음이 남녀에 대한 차이를 좁히는데 가장 큰 방해가 된다. 저마다 살아 온 삶이 다르듯이 말의 의미는 사람마다 차이가 있을 수밖에 없다. 무엇이 됐든 '다른' 상대방과 대화할 때마다 다름을 인정하고 서로 잘 들여다보려는 마음을 가지면 다름이 별일도 아니다. 상대방을 잘 보려는 마음을 갖고 말을 걸 때마다 양념처럼 바디랭귀지를 더하면 금상첨화다. 말이든 제스처든 당신에게 준 것들은 다 나에게도 소중한 것들이다. 계산서를 달라는 말과 함께 두 손으로 허공에 작은 네모를 만드는 손짓을 하면서부터 다행히 맥주를 받는 일은 없어졌다. 아까 그 선배는 손가락 두 개를 펴 이번에는 '꼭 두 개'를 강조하며 흔들어 댄 탓인지 여전히 네 개를 받고 있다. 세상에 정답은 없다. 그래서 힘들다.

〈한국일보, 구자갑 롯데오토리스 대표 2018. 4. 22., 출처: http://www.hankookilbo.com/v/03dab1d89ee44e6eb87351cbbcbb3a0f)〉

4. 이해관계자 분석

(1) 개 요

이해관계자 분석은 서비스 프로세스의 이해관계자를 파악하고 그들의 요구사항과 동기를 고려하며, 각 요소별 연결 관계를 파악하는 데 유용하다. 이를 통해 특정 목적에 대한 개인 또는 특정 그룹이 형성하고 있는 다양한 관점의 이해관계를 확인하고 파악할 수 있다.

이해관계자 분석은 조직의 목표 실현이라는 측면에서 전략적으로 매우 중요한 수단이 될 수 있으며, 조직은 전략을 계획하고 실행하며 대다수 이해관계자들을 만족시키는 결정을 내리거나 최선 안을 결정하는 데 활용될 수 있다(김정권, 2015).

(2) 방법 및 절차

이해관계자 분석 방법은 먼저 이해관계자의 목록을 작성하여 이를 이해관계자별로 차트를 한 장씩 만들어 이름을 기재해 둔다. 이때 해당 이해관계자의 조직에 대한 요구사항이나 기대사항 등을 목록으로 정리해둔다. 이해관계자들의 요구사항별로 얼마나 충족되고 있는지 판단하고 아이디어를 수렴하여 문제들을 파악한다.

이해관계자 분석 방법 및 절차는 〈그림 3-13〉과 같다.

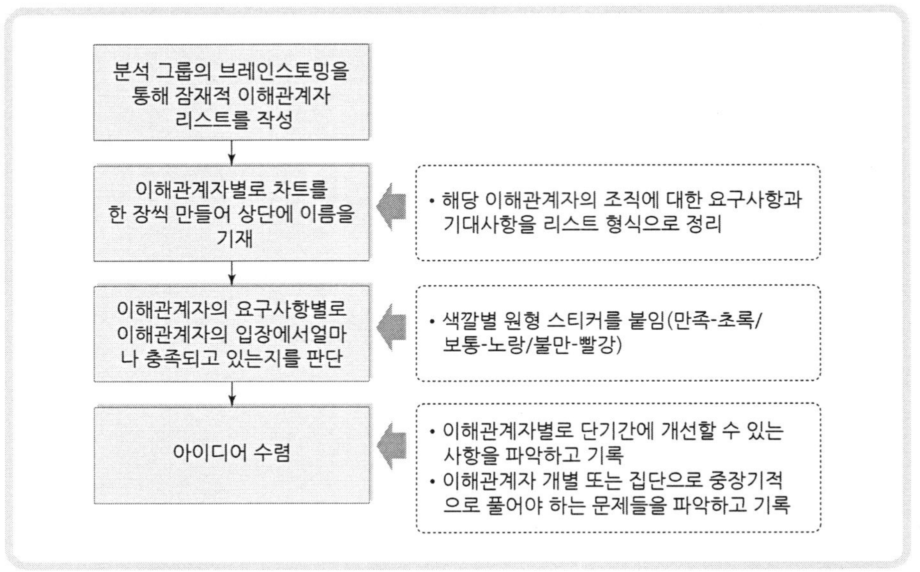

그림 3-13 이해관계자 분석 방법 및 절차

(3) 유의사항

이해관계자 분석에서는 이해관계자들과 그들의 관심사항을 발굴하고, 조직 또는 특정 대상에 대한 이해관계자들의 관점과 입장을 명확히 해야 한다.

이해관계자 분석을 수행한 이후 실무적으로 가능하다면 각 이해관계자들이 어떠한 방법으로 조직에 영향을 미치는지, 조직이 각 이해관계자에게 필요로 하는 것은 무엇인지 등을 명확히 하고 조직에 대한 이해관계자들의 중요성을 기준으로 서열화해야 한다.

(4) 적용 사례

이해관계자 분석 사례로 미국의 항공우주국(NASA)의 사례는 다음과 같다(김정권, 2015).

오바마 행정부는 2010년에 정부성과결과 현대화법(GPRAMA: Government Performance and Results Modernization Act of 2010)을 제정하였다. 이 법은 기존의 정부성과결과법(GPRA: Government Performance and Results Act of 1993)이 지니고 있는 여러 문제점들을 개선하기 위해 정책집행에서의 목표 및 성과지표 활용, 성과정보의 활용, 인터넷을 통한 공지(Reporting) 활성화, 개인 차원의 책임성 강화 등을 강조하였다. 따라서 GPRAMA는 의회 및 그 외의 여러 이해관계자들을 성과관리 과정에 참여시키도록 제도화하였다.

이러한 GPRAMA를 미국항공우주국(NASA)에서 도입하여 주요 이해관계자를 정의하고, 전략적 계획 개발 과정에 따른 참여 필요여부 및 방법론 등을 구체적으로 계획하였다.

전략적 계획 과정에 앞서 실행한 NASA의 이해관계자 분석은 〈표 3-1〉과 같다.

표 3-1 미국 항공우주국의 이해관계자 분석

유 형	역 할	예
감시	지시, 자원제공 및 감시	관리예산처(OMB), 백악관(WH), 국회(Congress)
프로젝트 딜리버리 파트너	상호이익 증진을 위하여 협력	다른 정부기관, 학계, 비영리기구 등
내부관계자-리더	기관이 나아가야 할 방향 설정 및 리드	행정가, 성과향상담당관(PIO), 최고운영책임가(COO) 등
내부관계자-그외	기관의 업무 수행	직원, 외주직원, 센터장(Center Directors) 등
고객	NASA 업무 결과물 활용	일반 대중(Public), 과학자, 학생
자문	NASA의 미션에 대한 의견제공	NASA 자문위원회(NAC), 전문가 집단(Professional Societies)

출처: Keiser, 2013.

이해관계자 분석에 따라 전략적 계획 참여 단계를 〈표 3-2〉와 같이 다양화 할 수 있었다.

표 3-2 이해관계자 유형에 따른 전략적 계획 참여 단계 다양화

유 형	1단계: 초안 작성시기	2단계: 검토 및 정정 시기	3단계: 대중 및 의회 공개 이후
감시	추천	필요	필요
내부관계자-리더	필요	필요	–
내부관계자-그외	추천	추천	추천
고객	–	추천	필요
자문	추천	추천	추천

출처: Keiser, 2013.

(5) 관련 기사

AI기반 규제평가 시스템 필요하다

4차 산업혁명은 규제개혁을 전제로 한다. 역대 정권의 규제개혁 구호와 성과를 비교해보면 지금까지의 방법론 위주 규제개혁에는 명백한 한계가 있다는 결론에 도달한다. 규제개혁의 본질적 문제는 방법론이 아니라 이해관계자의 역학관계에 있다. 규제의 역학관계는 △규제기관 △규제 이익단체 △피규제 국민이라는 세 그룹의 이해관계자로 구성된다. 진짜 규제개혁을 위해 이해관계자 분석으로부터 향후 대안을 제시해보자.

우선 규제의 주체인 공무원들의 이해관계를 살펴보자. 규제와 지원은 공무원 권력의 원천이다. 권력의지는 인간의 본성이다. 스스로 권력을 내려놓는다는 것은 인간의 본성 차원에서 기대하기 어렵다. 과거 인허가 규제를 담당하는 정부부처에는 피규제기관 임원급들이 상시 대기했다. 점심을 같이 하는 것은 시혜다. 그러한 권력의 달콤함은 마약 같은 중독성을 가진다. 규제기관은 규제를 확대해 권력을 강화하려는 원초적 동기 요인이 존재한다는 것을 인정해야 규제개혁의 올바른 방향이 도출될 것이다.

여기에 규제개혁의 저해요인을 제대로 인지해야 한다. 규제개혁 추진 공무원은 인사상 불이익이 초래된다. 모든 혁신이 그렇듯 규제개혁에도 부작용이 있을 수 있다. 예를 들어 KTX표 사전검사를 없애니 무임승차가 늘어

났다는 식의 언론 과잉보도가 규제개혁을 저해한다. 언론에 규제개혁의 부작용이 보도되면 청와대·국회·총리실·국정원·감사원 등 상부 권력기관에서 각종 소명자료 요구가 쓰나미처럼 밀려온다. 조직 내부에서는 문제 공무원으로 낙인 찍힌다. 결국 개인의 인사상 불이익이 초래된다. 평소 각 부처가 언론 모시기에 공을 들이는 이유다.

그 결과 공무원사회의 규제개혁 대응책은 한마디로 '척'하는 쪽으로 전락하게 된다. 진짜 규제개혁은 달콤한 권력도 잃고 인사상 불이익도 초래될 수 있다. 따라서 규제의 비용/편익 분석이 잘 안 된다는 현 상황에서 공무원의 대응은 형식적으로 중요하지 않은 말단 지엽적 규제로 규제의 양적 요건만 충족시키게 된다. 규제개혁이 국민의 피부에 와 닿지 않는 핵심원인은 공무원의 동기부여 부족에 있는 것이다.

따라서 규제개혁이 성공하기 위해서는 규제개혁이 공무원의 이해관계와 일치돼야 한다. 우선 국민들의 피부에 와 닿는 규제개혁 추진의 전제조건이 규제의 비용과 편익에 대한 객관적 잣대다. 인공지능(AI) 기반의 실시간 규제평가 시스템 구축이 거의 유일한 해결책일 것이다. 이를 바탕으로 규제총량 개선에 따른 부처별 평가가 이뤄지면 공무원사회에는 동기부여가 될 것이다. 그리고 언론의 과도한 개혁 부작용 보도도 평판 시스템을 통해 개선돼야 할 것이다.

한편 규제로 보호되는 조직화된 공급자 이익단체들은 이익 수호에 총력을 집중하고 있다. 2009년과 2013년 두 차례에 걸친 공인인증서 규제개혁 당시 이익집단들의 조직적 반발은 상상을 초월하는 규모였다. 여기에는 정부부처와 연구기관, 대학교수와 시민단체가 포함된다. 소수의 이익단체를 위해 대다수 국민에게 불편을 주는 불합리한 규제가 버젓이 지속되는 가장 큰 이유는 조직화된 강력한 이익집단이다. 문제를 극복할 대안은 평판 시스템 구축이다. 공인인증서를 비롯한 핵심 규제개혁에 반대 논리를 폈던 부처·협단체·대학교수·연구기관 등의 당시 활동이 실명으로 기록돼 평판에 반영돼야 한다. 반복되는 투명한 구조를 만들자는 것이다.

그렇다면 규제주체인 공무원과 규제의 이익집단이라는 양대세력을 넘어 국민을 위한 규제개혁의 추진동력이 필요하다. 그 힘은 바로 소비자인 국민에게

서 나와야 한다. 원격의료·공유차량 등 한국의 각종 규제는 소비자 국민을 위한 것이 아니다. 규제에 순응하는 국민들이 이제 뭉쳐야 한다. 그 전제조건은 2009년 통과시킨 공무원의 보복행위를 엄벌하는 비보복 원칙 준수다.

〈서울경제 기사, 이민화 사외칼럼, 2018. 2. 14., http://www.sedaily.com/NewsView/1RVPAADX2J〉

5. 서비스 사파리(Service Safaris)

(1) 개 요

서비스 사파리는 서비스를 이해하기 위한 조사 방법으로 "야생"으로 나가 자신이 생각하는 좋은 예와 나쁜 예의 서비스를 직접 경험해보는 방법이다(이병기, 2016). 이 방법론은 조사자가 직접 고객의 입장이 되어 보는 가장 쉬운 방법으로 서비스를 관찰함으로써 고객이 갖고 있는 요구사항과 접하게 되는 문제점들을 이해하는 것이 목적이며, 이를 통해 도출된 시사점은 서비스 혁신을 위해 활용될 수 있다.

서비스 사파리는 수요자의 입장에서 서비스를 바라볼 때 숨겨진 요구사항이나 문제들을 더 잘 이해할 수 있다.

(2) 방법 및 절차

서비스 사파리는 누구나 참여할 수 있고 고객의 입장에서 서비스를 바라보는 과정을 거친다. 이 과정에서 얻은 통찰은 서비스를 위한 기회로 발전되고 이를 통해 서비스 디자인의 결과의 만족도를 높일 수 있다. 서비스 사파리의 방법 및 절차는 〈그림 3-14〉와 같다.

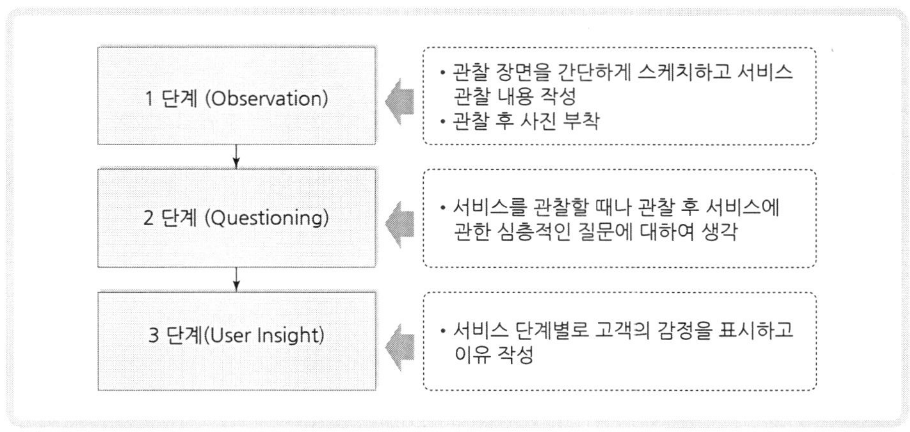

그림 3-14 서비스 사파리 방법 및 절차

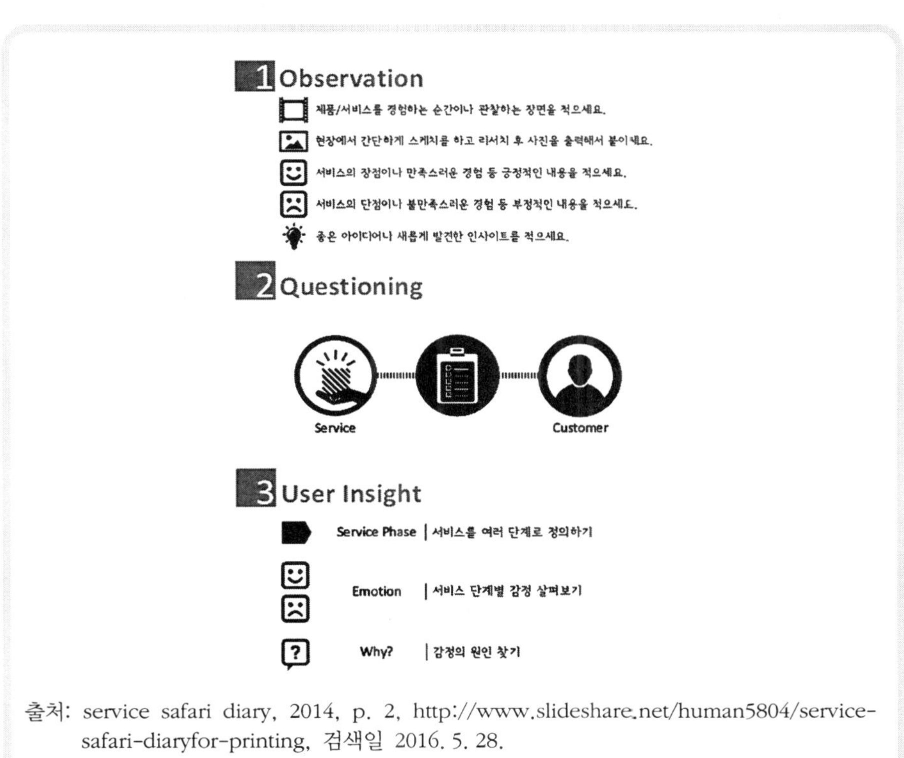

출처: service safari diary, 2014, p. 2, http://www.slideshare.net/human5804/service-safari-diaryfor-printing, 검색일 2016. 5. 28.

그림 3-15 서비스 사파리 템플릿

(3) 유의사항

서비스 사파리는 직접참여를 통해 자신들이 생각하는 좋거나 나쁜 서비스를 실제 환경에서 경험하여야 한다. 실제 경험을 통해 고객의 입장에서 서비스를 바라보아야 한다(박민희, 2017).

(4) 적용 사례

서비스 사파리를 활용한 사례로 심폐소생술 확산을 위한 서비스디자인 사례를 들 수 있다. 심폐소생술 교육을 확산시켜 심정지환자의 생존율을 높이자는 점에 착안해 사이픽스와 한국디자인진흥원이 공동으로 '서비스디자인 이노베이션 컨퍼런스'를 진행하였다. 공감을 해보기 위해 교육수료자의 입장을 체험해 보고, 심폐소생술 교육현황을 파악하기 위해 인지도가 높은 대한심폐소생협회주

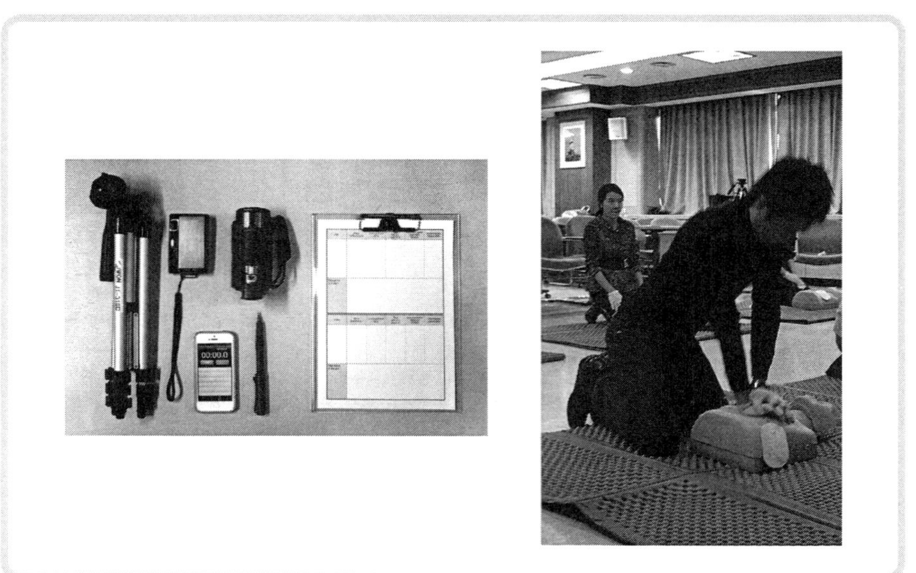

그림 3-16 심폐소생술 확산을 위한 서비스 사파리 사례

관 심폐소생술 정규교육에 대하여 서비스 사파리를 실행하였다. 이를 통해 기회 요소와 문제점을 파악하여 심폐소생술 교육용 툴 킷(Tool Kit)을 개발하였다(신희인와 김장수, 2015).

서비스 사파리를 활용한 또다른 사례로 경주시 주민건강지원센터 건강체험관 사례를 들 수 있다.

경주시 주민건강지원센터의 건강체험관에서 진행되는 교육을 받아보고 서비스 사파리를 실행하였다.

표 3-3 경주시 주민건강지원센터 건강체험관에 대한 서비스 사파리

구 분		내 용
건강체험관 내부		
경험기록	접근성	• 보통 개인보다는 단체들이 체험관에 와서 교육을 받음 • 센터가 시내와 멀리 떨어져 있어서 개인적으로 굳이 미리 예약하고 방문할 것 같지 않음
	교 육	• 건강에 대해 '운동, 절주, 영양, 스트레스, 질병관리' 등 다양한 정보를 얻을 수 있음 • 정보가 일회성에 그칠 가능성이 있음

출처: 윤선희, 2016.

6. 근거이론

(1) 개 요

근거이론(Grounded Theory)은 '현실에 기반한 자료(Data)에 근거(Grounded)'하여 귀납적으로 이론을 만들어내는 질적연구방법론이다. 이는 어떠한 사회적 상황에서 일어나는 핵심적인 과정을 파악하기 위해 다양한 자료를 토대로 일반적인 이론을 도출할 수 있다(Hong과 Lee, 2015).

사회적 이슈에 대한 근거이론 분석을 위해 활용할 수 있는 자료는 각종 신문, 논문 등의 문서자료, 사진 등 각종 사회적 자료는 모두 활용할 수 있다. 특히 이슈와 관련된 전문가 등의 심층인터뷰를 통해 얻은 자료를 분석하여 자신이 알고 싶은 문제와 대응하여 의미 있는 이론 개념을 탐색하고 발견하여 핵심이슈를 추출하고 이들 상호간의 관계를 도식으로 파악하는 과정을 거친다.

(2) 방법 및 절차

근거이론의 대표적인 방법으로 신문, 논문, 통계자료 등의 각종 자료 및 심층인터뷰로 얻은 자료를 텍스트화하여 이를 스트라우스와 코빈의 개방코딩, 축코딩, 선택코딩을 기반으로 하는 분석 방법을 활용할 수 있다. 〈그림 3-17〉과 같이 심층인터뷰 및 각종 자료로부터 단어의 빈도수에 의해 문장을 정성적으로 분석하여 범주화하는 개방코딩을 실시하고 개방코딩에서 도출된 범주들 간의 관계를 속성과 차원에 따라 분류 및 연결하는 축코딩을 실시한다. 축코딩에서 도출된 범주들을 중심현상에 따라 패러다임 모형을 도출하고, 도출된 패러다임 모형을 다시 전체적으로 통합하고 정교화하는 선택코딩을 실시하여 최종적으로 결과를 도출한다. 이러한 코딩과정은 한 번으로 끝나는 것이 아니라 분석 결과를 도출하기까지 반복적으로 비교하는 과정을 거쳐서 최종 결과를 도출한다.

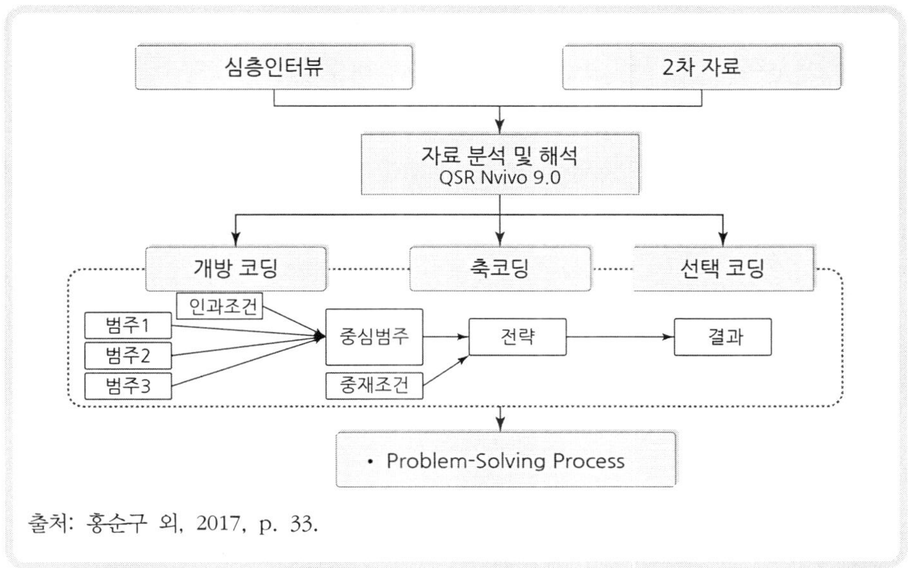

출처: 홍순구 외, 2017, p. 33.

그림 3-17 근거이론 분석 방법 및 절차

(3) 유의사항

근거이론으로 분석을 할 때 유의할 사항은 먼저 전문가 등 각종 사회적 이슈와 관련된 사람들로부터 자료를 얻기 위하여 실시하는 심층인터뷰에서 인터뷰 참여자에게 반드시 동의를 구하고 연구의 목적 등을 설명하며, 인터뷰를 할 때 녹음 등에 대한 동의를 구하는 것이 필요하다. 또한 객관적인 자료를 얻을 수 있도록 연구자의 주관이 개입되지 않도록 해야 한다.

(4) 적용 사례

근거이론을 분석한 사례는 많다. 그중에서 청년 벤처 창업 활성화 방안 연구 사례를 살펴보면 다음과 같다.

청년 벤처 창업 활성화를 위해 청년 벤처 창업가들을 대상으로 심층인터뷰를 실시하고 이를 근거이론으로 분석하여 패러다임 모형을 제시하였다. 분석결과로 대부분의 청년 벤처 창업 활성화 정책이 폐쇄적인 참여 구조, 다양한 부처의 복잡한 정책, 단기 자금 지원, 획일적인 교육 및 지원, 창업 후 후속 지원 정책의 부족, 과도한 행정 업무 요구, 성과에 집착한 단편적인 지원이 많아 창업자들에게 실효성 있는 정책이 되지 못하고 있다. 이에 따라 창업자들에게 실질적인 도움을 주는 효과적인 정책입안과 추진을 위하여 Co-creation 기반 IT 플랫폼을 통한 창업 활성화 정책 등이 필요하다는 것을 제시하였다(김나랑 외, 2014).

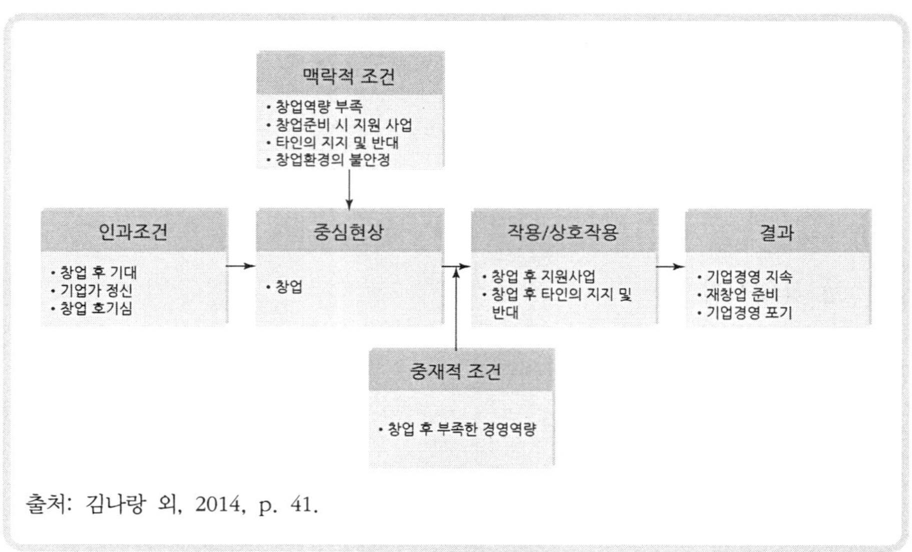

출처: 김나랑 외, 2014, p. 41.

그림 3-18 근거이론 분석 결과 패러다임 모형

7. 아이디어 공모전

(1) 개 요

아이디어 공모전은 기업의 신제품 또는 정부의 정책을 개발하기 위해 전문가 및 일반 대중으로부터 창의적이고 새로운 아이디어를 수집하기 위한 방법이다. 이는 온/오프라인 등 다양한 매체를 통해 아이디어를 공모하고 수집할 수 있다. 전문가 및 특정 집단을 대상으로 하는 아이디어 공모인 경우 공청회, 원탁회의 등의 오프라인으로 실시가 가능하며, 일반 대중을 대상으로 하는 경우 SNS, 인터넷 등을 통한 온라인 공모가 효과적이다.

(2) 방법 및 절차

아이디어 공모전의 경우 온/오프라인 방법에 따라 절차 및 방법이 상이하다. 아이디어 공모를 계획할 때, 먼저 인터넷을 통한 온라인으로 할 것인지 아니면 직접 회의를 개최하는 오프라인으로 할 것인지 결정한다. 이후 아이디어 공모 대상 및 방법을 결정하고 공모전을 홍보하여 아이디어를 가진 많은 사람들이 참여할 수 있도록 한다. 공모과정에서 얼마나 많은 사람들이 참여하고 있는지 혁신적인 아이디어는 제출되고 있는지 그 과정을 모니터링한다. 공모 상황이 마감되면 이를 평가하고 평가에 따른 아이디어를 실행한다.

(3) 유의사항

아이디어 공모전을 실시하기 전 아이디어 공모 기간, 홍보 방법, 참여 대상, 평가 방법, 시상 등에 대한 방법 및 절차를 명확히 하여야 한다.

공모전에 참여한 아이디어 평가를 위해서는 판단에 영향을 미치는 편견, 선

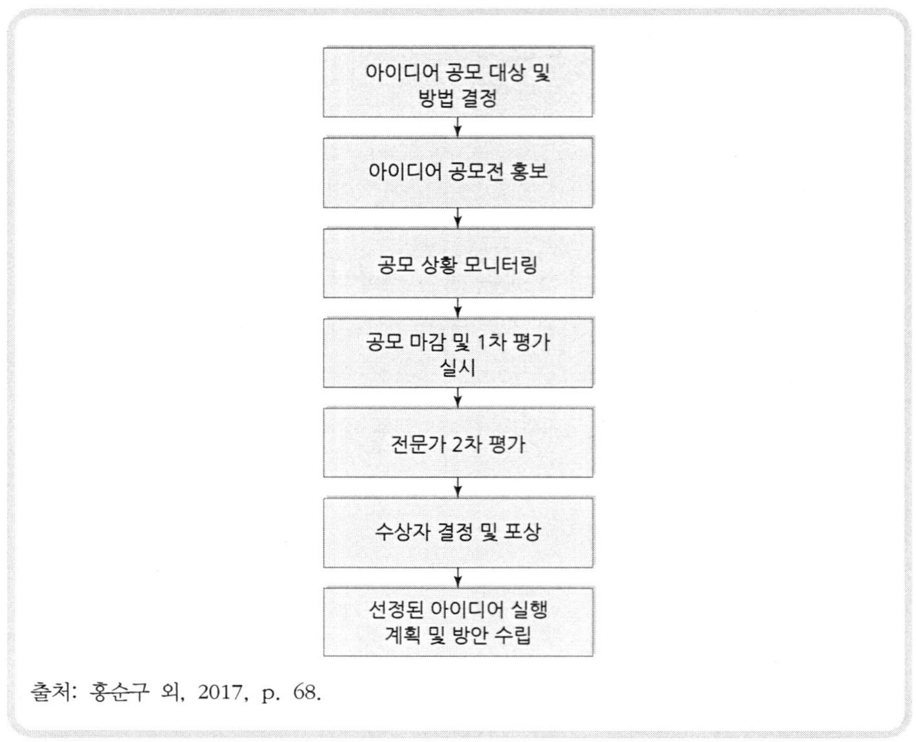

출처: 홍순구 외, 2017, p. 68.

그림 3-19 아이디어 공모 방법 및 절차

입관 등의 인식을 배제하고, 아이디어가 가지고 있는 결점, 위험성 등을 발견하고 검토할 수 있는 비판적 사고가 필요하다. 또한 일반 대중을 대상으로 하는 경우 절차 및 방법에 공정성과 투명성이 확보될 수 있도록 해야 한다.

(4) 적용 사례

아이디어 공모전의 사례로 서울시 사례를 들 수 있다. 서울시에서는 일반시민을 대상으로 한강 및 한강둔치의 자연환경 개선을 위한 아이디어를 〈그림 3-20〉과 같이 온라인 공모를 실시하였다.

출처: http://citybuild.seoul.go.kr/archives/43294?tr_code=sweb, 검색일 2016. 3. 28.

그림 3-20 서울시 온라인 공모전 사례

일반 시민을 대상으로 하는 아이디어 공모전 사례가 있는가 하면 특정 전문지식을 가진 전문가를 대상으로 하는 아이디어 공모전도 있다. 이는 특정 문제와 관련한 전문가를 대상으로 아이디어를 공모하여 문제를 해결할 수 있다. 이러한 사례로 서울시에서 노들꿈섬 공간·시설 조성을 위한 설계 공모를 〈그림 3-21〉과 같이 실시하였다.

(5) 관련 기사

해수부 "해운·항만 분야 신사업 아이디어 공모"

해양수산부는 한국해양진흥공사 설립을 기념해 6월 22일까지 해운·항만 분야 신사업 아이디어를 공모한다고 4일 밝혔다.

7월 출범하는 해양진흥공사는 기존 분산된 금융지원 프로그램을 통합하고, 해운 산업 전반에 걸친 지원책을 마련해 해운 산업을 체계적으로 지원하는 역할을 맡는다.

공사는 선박 매입 관련 투자 보증, 항만터미널 물류시설 투자, 중고선박 매입 후 재용선 등 금융지원과 선사경영 지원, 국가필수해운제도 강화, 화물 적취율 제고 등 정책지원에 집중한다.

해운·항만 분야의 신사업 아이디어가 있는 사람은 누구나 한국해양보증보험 홈페이지(www.kmgic.com)에서 관련 서류를 내려받아 이메일(idea@kmgic.com)로 제출하면 된다.

해수부는 6월 26일 1차 심사를 통해 8개 아이디어를 선정하고, 7월 11일 발표 대회를 열어 4개 수상작을 최종 선정할 계획이다.

최우수상 1명(상금 200만원), 우수상 1명(상금 100만원), 장려상 2명(상금 50만원) 등을 뽑아 상장과 상금을 수여한다.

해수부 관계자는 "수상자 가운데 아이디어를 사업화하기 원하는 경우 컨설팅 및 해양 신산업 인큐베이팅(창업보육) 지원 등 혜택을 부여할 예정"이라고 말했다.

〈연합뉴스, 김동규 기자, 2018. 5. 4., http://www.yonhapnews.co.kr/bulletin/2018/05/03/0200000000AKR20180503158100003.HTML?input=1195m〉

1. 설계공모 규정

1.1 공모명칭

노들꿈섬 공간·시설조성(3차) 설계 공모

1.2 공모의 목적

노들꿈섬 공간·시설조성(3차) 설계 공모는 운영계획·시설구상(2차)공모에서 당선된 운영계획·시설구상을 실현하는 합리적이고 구체적인 공간이용계획이면서 우리가 도시에서 요구하는 경관 기대수준을 충분히 만족시키는 설계안 선정을 목적으로 한다.

1.3 공모개요

- 주최 : 서울특별시
- 위치 : 대한민국 서울특별시 용산구 이촌동 302-6, 146일대(노들섬)
- 대상지면적 : 섬 상단 53,665㎡(도로 7,153㎡ 제외), 섬 하단(하천부지) 59,036㎡
- 건축공사비 : 195억 원(건축 부대토목 및 부가세 포함)
- 기반시설공사비 : 241억 원(토목/조경/현황측량/옹벽/동·서측연결 및 부가세 포함)
- 총 설계비 : 19.69억 원(부가세 포함)
- 설계 기간 : 설계용역 계약체결 후 약 8개월

1.4 공모방식

본 설계 공모는 국내외 전문가를 대상으로 한 공개경쟁방식이다.

1.5 사용언어 및 단위

본 공모전의 공식 언어는 한국어와 영어이다. 모든 공식 문서는 한국어와 영어로 작성되어 배포될 것이며, 한국어와 영어 사이에 해석상의 충돌이 있을 경우 한국어를 우선으로 한다. 제출 도면 및 문서는 한국어 또는 영어로 작성하며, 영어로 작성할 경우 해석상 분쟁이 없도록 명쾌하게 작성하되, 분쟁 발생 시에는 주최자의 해석을 우선으로 한다. 계량단위는 미터법을 사용한다.

1.6 참가자격

국내외 건축, 조경 및 도시설계 등 관련분야 전문가가 모두 참여 가능하며 공동응모 시 총 5명까지 응모가능하다.

공동 응모 시 팀원 중 1인을 대표자로 선정하여 등록하여야 하며, 대표자는 실시설계도면의 납품에 대한 책임이 있다.

참가등록 시 등록자 중 최소 1인은 반드시 국내 혹은 외국의 건축사(Licensed Architect)여야 한다. 건축사는 참가등록시점 기준으로 해당국 관련법에 의거해 건축사 자격 조건을 유지하고 있어야 하며 이를 문서로 증명할 수 있어야 한다.

심사위원, 운영위원 혹은 그가 속한 조직의 직원, 기타 공모 관계자 등은 참가할 수 없다.

출처: http://nodeul.org/3rd_stage/, 검색일: 2016. 3. 28.

그림 3-21 서울시 노들꿈섬 공간·시설 조성 설계공모 사례

8. 소셜네트워크 분석

(1) 개 요

소셜네트워크 분석은 개인 및 집단들 간의 관계를 노드와 링크로써 모델링하여 그 위상구조, 확산/진화과정을 계량적으로 분석하는 방법론이다(박우창, 2012). 이 방법론은 사회구조와 상호의존성을 파악하거나 개인, 그룹, 기관의 작업 패턴을 검토할 경우 유용하다.

소셜네트워크 분석의 경우 초기에는 사람, 조직 간의 상호관계 및 사회적 측면에 기반한 분석에 활용되었다(고길곤, 2007). 그러나 최근에는 인관관계뿐만아니라 상호 관계가 존재하는 다양한 분야에서 소셜네트워크 분석을 활용하고 있다(박성제와 이제욱, 2014).

소셜네트워크 분석을 활용하여 다양한 출처의 데이터를 취합하고, 관계를 분석하여 관계의 영향, 질, 효능을 평가하는 것이다. 어떤 사람들이 관계망의 기능에 중요한 역할을 담당하는지, 어떤 하위 그룹이 있는지, 특정 관계망에 어떤 전체적인 연결 관계가 있는지 등을 분석하여 관계의 패턴과 개인 사이의 상대적인 위치를 보여 준다.

(2) 방법 및 절차

소셜네트워크 분석은 연결 중심성(Degree Centrality) 분석, 근접 중심성(Closeness Centrality) 분석, 매개 중심성(Betweenness Centrality) 분석 등이 있다(이수상, 2013).

연결 중심성 분석은 하나의 노드에 직접적으로 연결된 이웃 노드의 개수로 측정한다. 네트워크 전체 구조의 중심이 아니어도 연결된 노드가 많으면 연결 중심성 지표 값이 높게 산출되며, 노드의 색깔이 진해질수록 중심성이 높다.

근접 중심성 분석은 네트워크를 구성하는 노드가 전체 노드에 도달하기까지의 단계이다. 단계수가 작을수록 근접 중심성이 높게 나타나며, 노드의 크기가 커질수록 중심성이 높다.

매개 중심성 분석은 노드와 노드를 연결하는 최단 경로에 얼마나 자주 등장하는지를 산출한다. 매개 중심성이 높은 노드는 네트워크 내에서 가장 많이 거치게 되는 노드이다. 이 분석에서는 링크의 선 색깔이 진해질수록 중심성이 높다.

(3) 유의사항

최근 다양한 분야에서 소셜네트워크 분석이 활용되고 있다. 분석에는 다양한 데이터가 활용되고 있으며, 이러한 데이터를 분석할 수 있는 새로운 응용 기법들이 연구되고 있다(박성제와 이제욱, 2014).

소셜네트워크 분석을 위해서는 분석기술의 능력을 익히는 것이 필요하고 나아가 분석대상에 대한 전문성을 확보해야 한다. 또한 분석결과를 도출할 때 해당 분야의 전문가로서 통찰력 있는 해석이 제시되어야 한다.

(4) 적용 사례

소셜네트워크 분석 방법을 활용하여 부산광역시의 교통 민원 데이터를 가지고 교통관련 문제점을 분석하였다. 분석 결과, 버스, 주차, 설치에 관한 문제가 도출되었으며, 도출된 버스, 주차, 설치 관련 문제해결을 위한 시사점을 제안하였다(Hong 외, 2016).

표 3-4 교통 민원의 빈도 분석 결과

순번	키워드	빈도	순번	키워드	빈도
1	버스	142	9	위험	24
2	설치	71	10	도로	21
3	주차	66	11	운행	20
4	노선	45	12	불법	19
5	정류장	40	13	교통사고	18
6	주차장	36	14	택시	18
7	단속	31	15	배차	11
8	신호등	28	16	승차거부	10

출처: Hong 외, 2016.

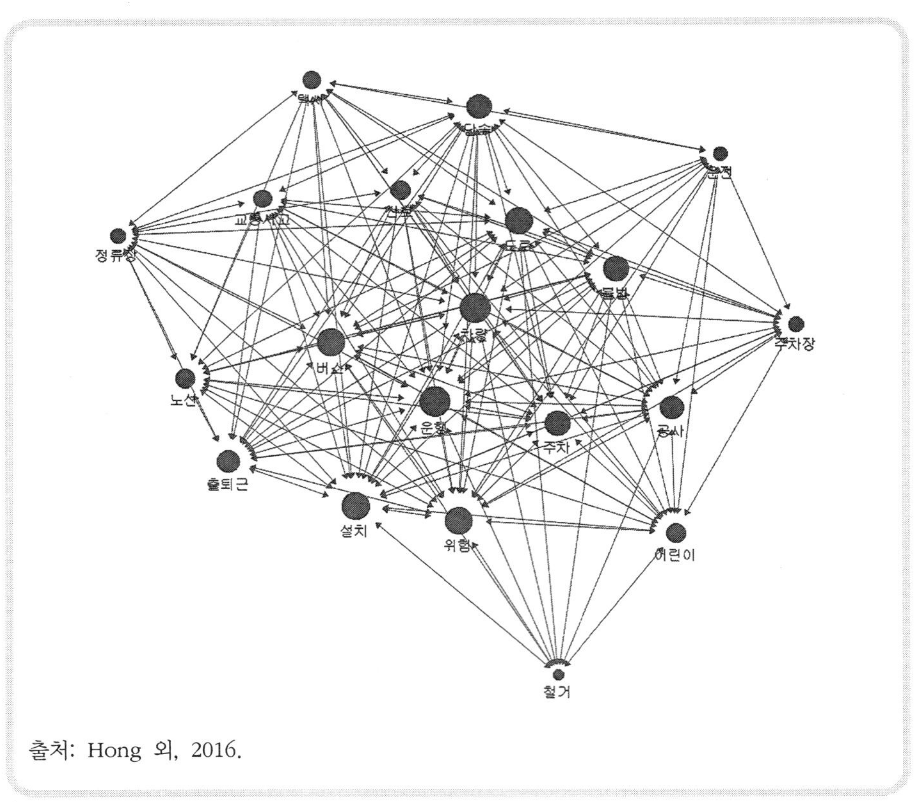

출처: Hong 외, 2016.

그림 3-22 교통 민원의 연결중심성 분석 결과

(5) 관련 기사

문 대통령 신년사 네트워크 분석 결과 '우리·국민·삶' 최빈단어

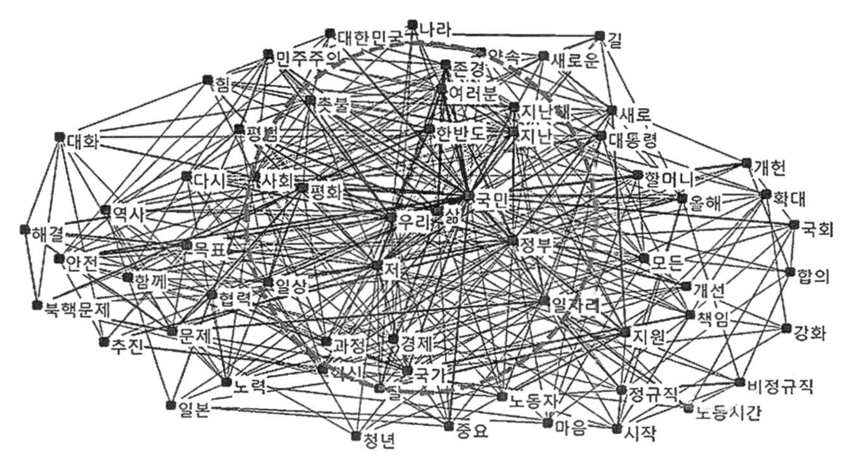

각본 없이 진행된 문재인 대통령의 2018년 신년 기자회견.

'내 삶이 나아지는 나라'라는 주제로 시작된 문재인 대통령 신년사의 핵심 연결고리는 '우리 · 국민 · 삶'이었다.

문 대통령은 약 25분 가량 진행된 신년사에서 '국민, 정부, 우리, 삶, 저, 일자리, 평화' 등의 단어를 많이 사용하며 연설을 이어갔다.

약 6,000자 분량의 신년사 연설문 전체를 네트워크 분석 해본 결과 '우리 · 국민 · 삶'이라는 단어가 가장 중심에 있었던 것을 확인할 수 있었다.

문 대통령은 신년사에서 '우리 · 국민 · 삶'을 중심으로 '개헌', '북핵', '일자리' 등 굵직한 이슈를 풀어 갔다.

특히 과거 정부와 달리 '촛불' 단어를 긍정적으로 사용하며 6번이나 사용하며 '우리 · 민주주의 · 평화'와 관련된 내용을 설명했다.

단어 간의 중심성과 연결성을 살피는 네트워크 분석은 사회과학 기법의 하나로 연결망 중심에 있는 단어일수록 집중도가 높다.

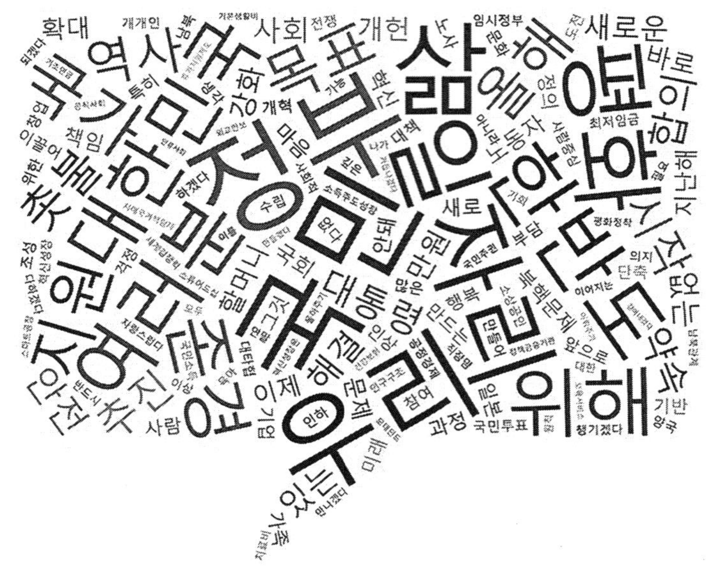

〈노컷뉴스, 박기묵 기자, 2018. 1. 17., http://www.nocutnews.co.kr/news/4905070〉

9. 프로토타이핑(Prototyping)

(1) 개 요

프로토타이핑은 제품이나 서비스의 설계 과정에서 성능이나 타당성을 평가하기 위한 것으로 시뮬레이션하거나 최소한의 기능만으로 구현된 시제품을 고객이 테스트해보는 방식으로 실행한다. 이 방법론은 제품이나 서비스의 설계 명세를 최종 결정하기 전에 고객이 실제 사용해 봄으로써 제품의 사용 및 서비스 전달 과정에서 일어날 수 있는 문제점 및 개선방향을 도출할 수 있다. 이를 위해 미리 설정된 서비스 시나리오에 따라 이해관계자들이 행동하는 과정을 통해 서비스 컨셉(Service Concept)이 타당한지 검증하는 것이다.

(2) 방법 및 절차

프로토타이핑의 방법 및 절차는 〈그림 3-23〉과 같다.

출처: 홍순구 외, 2017.

그림 3-23 프로토타이핑의 방법 및 절차

(3) 유의사항

서비스 디자인 과정에서 서비스 컨셉을 검증하기 위해서는 프로토타이핑 테스트에 참여하는 관계자들과 이들의 행동을 정의하는 시나리오, 그리고 서비스가 이루어지는 공간 내지는 서비스 공간의 축소 모형이 갖추어져 시뮬레이션이 이루어져야 한다.

(4) 적용 사례

프로토타이핑을 진행하기 위해 사용할 수 있는 도구는 다양하며, 대표적으로 아래와 같은 방법의 사용을 고려할 수 있다(김광명 외, 2013).

첫째, 데스크탑 워크스루(Desktop Walkthrough)가 있다. 데스크탑 워크스루는 레고와 같은 장난감이나 작은 크기의 축소된 모형을 가지고 직원, 고객 등의 페르소나와 서비스 환경을 재현하여 서비스 시나리오에 따라 서비스 상황과 흐름을 시뮬레이션하는 방법이다(김광명 외, 2013). 이 방법은 서비스 상황을 재구성해가며 다양한 서비스 상황을 분석할 수 있다.

출처: 김광명 외, 2013.

그림 3-24 레고를 활용한 서비스 컨셉 시뮬레이션 테스트

둘째, 롤 플레잉(Role Playing)이다. 롤 플레잉은 서비스의 핵심적인 상황을 설정하고 사용자와 서비스의 설계자 및 개발자 등이 참여하여 각자 역할을 맡아 실제와 비슷한 상황을 체험함으로써 서비스 컨셉을 검토하고 개선을 위한 통찰(Insights)을 얻는다.

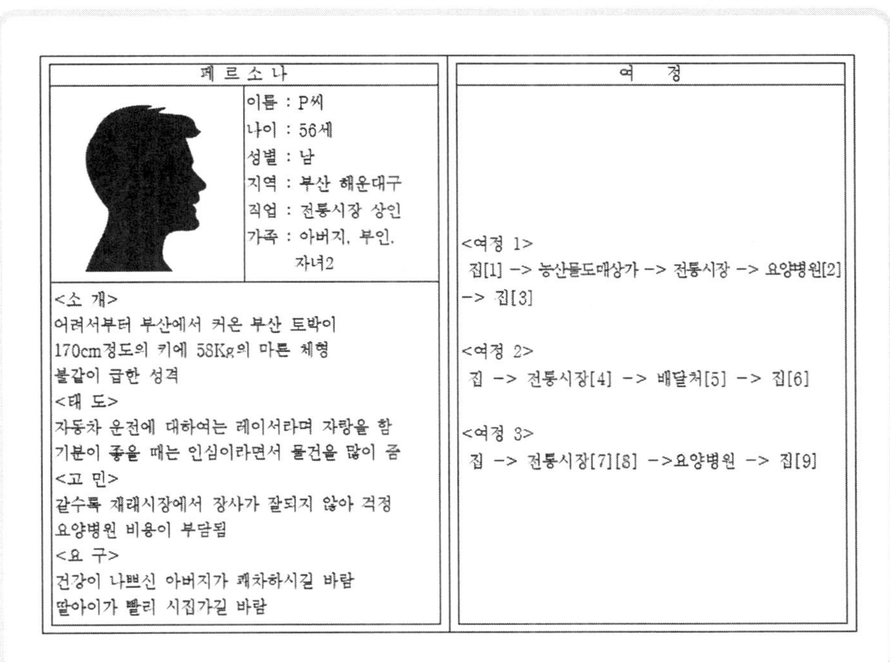

페르소나	여 정
이름 : P씨 나이 : 56세 성별 : 남 지역 : 부산 해운대구 직업 : 전통시장 상인 가족 : 아버지, 부인, 자녀2	<여정 1> 집[1] -> 농산물도매상가 -> 전통시장 -> 요양병원[2] -> 집[3] <여정 2> 집 -> 전통시장[4] -> 배달처[5] -> 집[6] <여정 3> 집 -> 전통시장[7][8] ->요양병원 -> 집[9]
<소 개> 어려서부터 부산에서 커온 부산 토박이 170cm정도의 키에 58Kg의 마른 체형 불같이 급한 성격 <태 도> 자동차 운전에 대하여는 레이서라며 자랑을 함 기분이 좋을 때는 인심이라면서 물건을 많이 줌 <고 민> 갈수록 재래시장에서 장사가 잘되지 않아 걱정 요양병원 비용이 부담됨 <요 구> 건강이 나쁘신 아버지가 쾌차하시길 바람 딸아이가 빨리 시집가길 바람	

그림 3-25 롤 플레잉 테스트에 필요한 역할을 부여하기 위한 페르소나 설정 예

셋째, 목업(Mock-up)이다. 목업은 아이디어를 묘사하여 실물 크기의 모형으로 제작하는 방법으로 일러스트레이션이나 꼴라쥬, 3D 등 다양하게 제작할 수 있다. 목업한 모델은 롤 플레이나 경험 프로토타입에 사용된다.

넷째, 카드보드 프로토타이핑(Cardboard Prototyping)이다. 카드보드 프로토타이핑은 골판지(Cardboard) 등을 이용하여 물리적인 시제품을 만들어 서비스의 다양한 측면을 검토하는 방법으로 낮은 제작비용으로 빠르게 시사점을 얻을 수 있다.

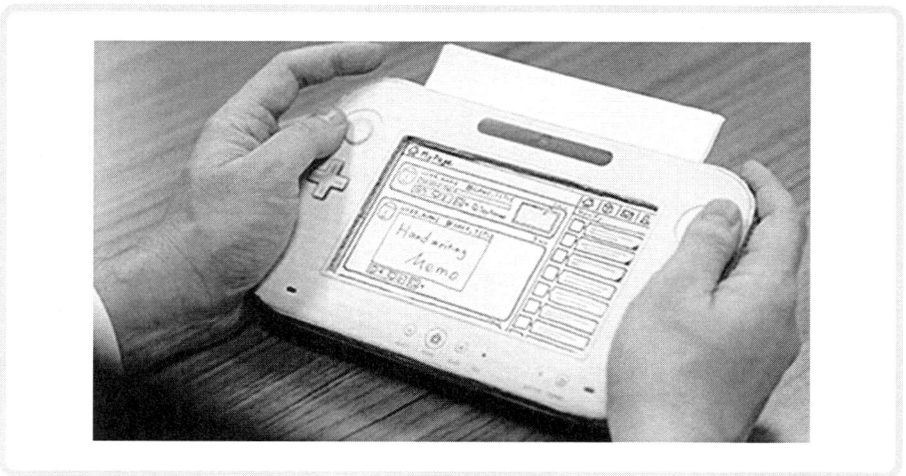

그림 3-26 닌텐도의 카드보드를 이용한 프로토타입

다섯째, 페이퍼 프로토타이핑(Paper Prototyping)이다. 페이퍼 프로토타이핑은 디자이너가 웹 인터페이스나 제품/서비스의 인터랙션 순간을 종이 한 장에 개략적으로 그리고 이를 보는 사람들이 특정한 순서에 따라 넘겨가며 테스트하는 방법이다. 이 방법은 프로토타입 제작 시간 및 비용 대비 효과가 크며 수정이 용이하다(김광명 외, 2013).

여섯째, 서비스 스테이징(Service Staging)이다. 서비스 스테이징은 연극무대처럼 사용자와 서비스 공급자 등 다양한 이해관계자가 시나리오와 프로토타입을 실제 경험해 보는 방법이다(김광명 외, 2013). 참여자들은 시나리오에 근거하여 서비스 상황을 재연하고, 서로 역할을 바꿔가며 상황극을 반복함으로써 서비스 개선사항을 도출한다.

일곱째, 스토리보드(Storyboard)이다. 스토리보드는 글이 덧붙여진 드로잉이나 그림을 순서대로 배치하여 사용 사례를 표현하는 것이다. 서비스 순간을 시각적으로 묘사하여 아이디어를 나타낸다. 프로세스나 시스템 구축 시 프로젝트 관계자들에게 서비스에 대한 이해도를 높이기에 유용하다(김광명 외, 2013).

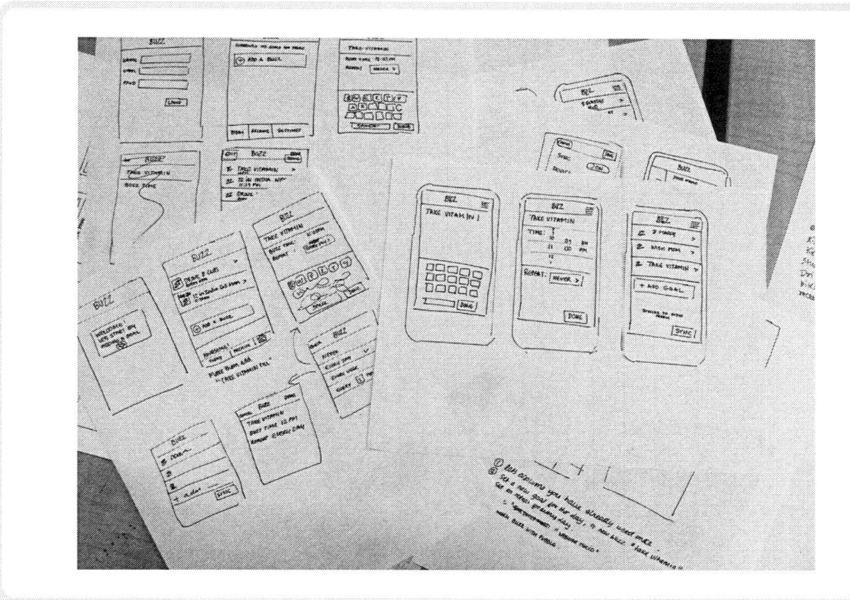

그림 3-27 앱 개발 과정에서 활용할 수 있는 페이퍼 프로토타이핑의 예

여덟째, 서비스 증거(Service Evidencing)이다. 서비스 증거는 서비스 내용을 알 수 있는 각종 자료로서 카드, 웹 사이트, 스크린샷, 시각적인 자료, 제품 모형, 주변 환경과 시설에 대한 삽화, 포스터, 광고, 뉴스, 상품 리뷰, 계약서 등 다양하다(김광명 외, 2013). 서비스 증거를 바탕으로 서비스 개선 방향에 대해 논의할 수 있다.

(5) 관련 기사

루미너스텍, 오슬로·트레이스프로 세미나 성료

루미너스텍은 최근 공식 판매 대리점인 모던하이테크에서 '오슬로(OSLO)와 트레이스프로(TracePro)를 활용한 기초 광학설계'란 주제로 광학설계 실무자를 대상으로 무료 세미나를 개최했다.

세미나에선 결상광학 설계 프로그램 오슬로와 조명광학 설계 프로그램 트레이스프로 관련 다양한 기능과 기초 사용방법을 소개하고 실습을 통해 프로그램을 직접 다뤄봤다.

오슬로는 광학계 공차 및 최적화에서 다룰 수 있는 모든 유형을 평가하는 렌즈·결상광학 설계 툴이다. CCL언어를 사용해 다양한 매크로 작업이 가능하다. 또 900개 이상 설계 데이터 베이스를 제공하고 광학계 전체와 일부 렌즈 면 위치와 기울기를 정의할 수 있다.

트레이스프로는 지오메트리를 생성해 복잡한 모델 형상화가 가능한 조명광학 설계 프로그램이다. 광선 추적 기능으로 분석모드·시뮬레이션 모드 등 2가지 모드를 제공한다. 가상 프로토타이핑 기능으로 시제품 제작비용과 시간을 최소화해 짧은 시간 내 고품질 제품을 만들 수 있다.

또 LED 광원 모델링으로 형상을 정확하게 시뮬레이션할 수 있고 미광 분석을 통해 문제가 되는 미광 경로를 파악할 수 있다.

한편 루미너스텍은 오는 5월 10~11일까지 4월 세미나 참가자 의견과 건의사항을 반영, 기초 교육세미나를 진행한다. 모던하이테크 홈페이지에서 언제든지 참가 신청이 가능하다.

〈Etnews, 안수민 기자, 2018. 4. 24., http://www.etnews.com/20180424000144〉

10. 서비스 블루프린트(Service Blueprint)

(1) 개 요

서비스 블루프린트(또는 서비스 청사진)는 서비스에 대한 구체적인 사항이 명시된 큰 그림으로 서비스 사이클에서 고객의 경험을 여러 서비스 제공자가 제공한 개별적 조치들과 연관시켜 작성한 흐름도이다(Shostack, 1984).

서비스 블루프린트는 고객과 관련된 부서들이 취하는 여러 활동들을 시간의 흐름에 따라 보여주며, 그들 사이의 상호작용을 보여준다. 흐름도에 포함된 일련의 서비스 활동들을 가시선(Line of Visibility)을 활용하여 서비스 관련 활동들을 구분함으로써 고객의 불만을 야기할 수 있는 잠재적 서비스 실패 가능 위치를 파악하여 디자인을 개선할 수 있도록 도와준다(Shostack, 1984).

서비스 블루프린트는 서비스에 관련된 조직 구성원 및 고객 간의 대인적 관계가 체계적으로 도식화되기 때문에 관련된 모든 구성원들이 서비스 프로세스에서 상호 연관관계를 이해하면서 효과적인 의사소통이 이루어질 수 있도록 한다(Coleman, 1989).

(2) 방법 및 절차

서비스 블루프린트는 서비스 프로세스를 구분하는 단계, 실수 가능성을 제시하는 단계와 성과를 분석하는 단계로 이루어진다. 구체적인 방법 및 절차는 〈그림 3-28〉과 같다.

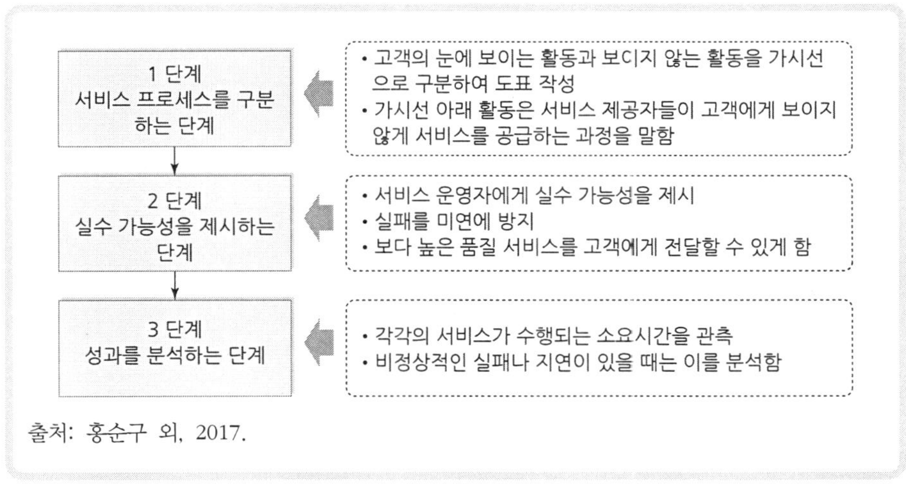

출처: 홍순구 외, 2017.

그림 3-28 서비스 블루프린트 방법 및 절차

(3) 유의사항

서비스 블루프린트 작성 시 가장 우선적으로 분석 대상이 되는 서비스에 대한 고객을 확실하게 정의하고, 고객이 취하는 행동 과정을 기술해야 한다. 다음으로 고객 행동에 따라 서비스 제공자가 취해야 하는 행동을 기술한다. 가시선 아래 활동으로 고객에게 보이지 않는 활동들도 같이 표현한다.

(4) 적용 사례

서비스 블루프린트의 템플릿은 〈그림 3-29〉와 같다.

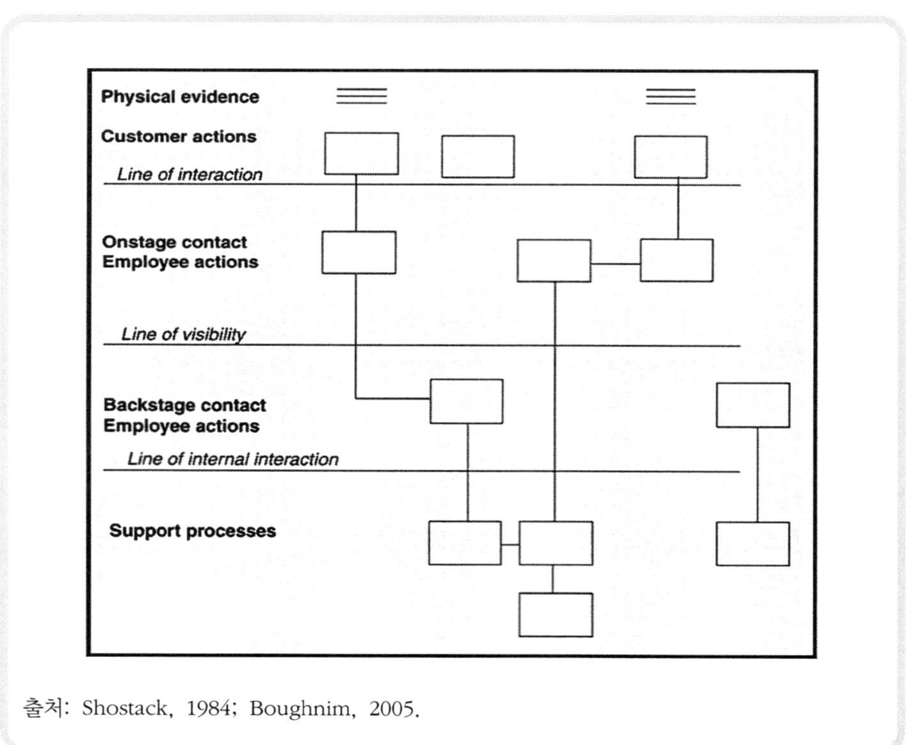

출처: Shostack, 1984; Boughnim, 2005.

그림 3-29 서비스 블루프린트 템플릿

서비스 블루프린트에는 각 단계별 활동을 개략적으로 표현할 수도 있고, 경우에 따라서는 각 단계별 상세한 활동으로 세부 절차도를 첨부할 수도 있다. 또한 각 활동 옆에는 활동 소요 시간을 표시함으로써 서비스 품질의 유지 및 관리에 참고할 수도 있다.

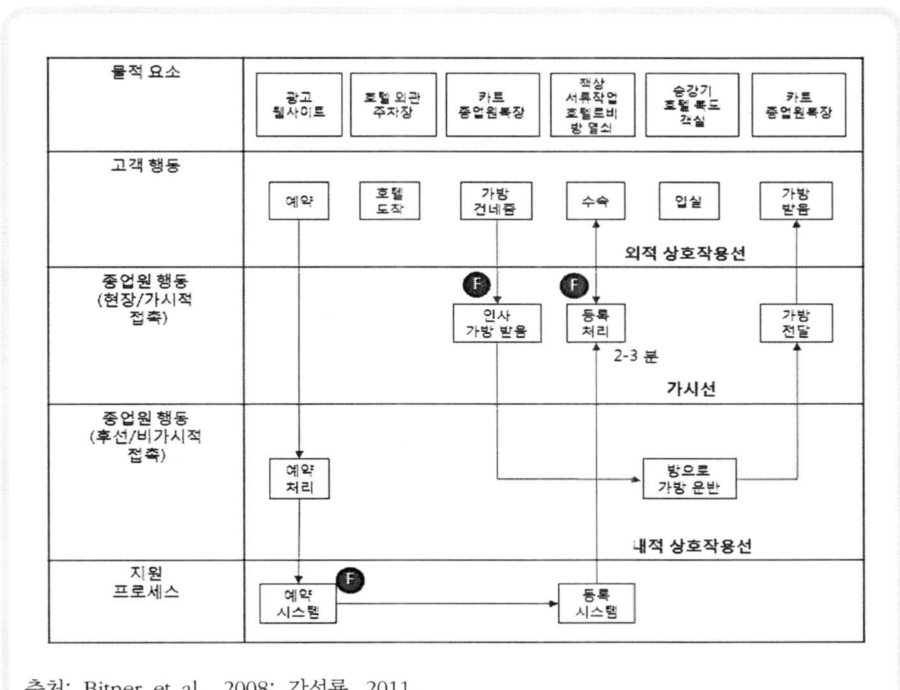

출처: Bitner et al., 2008; 강성룡, 2011.

그림 3-30 호텔 투숙 서비스 블루프린트의 예

11. 웹 크롤링

(1) 개 요

웹 크롤링(Web Crawling)은 자동화된 방법으로 웹 사이트에서 원하는 정보를 수집하는 것을 말하며, 빅데이터 분석을 위한 자료수집에 이용된다.

웹 사이트들은 대부분 HTML언어로 작성된 문서로 이루어져 있으며, 이로부터 자동적으로 정보를 수집하는 웹 크롤러를 통해 실행하며, 웹 크롤러가 하는 일들을 웹 크롤링이라 한다. 검색 엔진에서는 데이터의 최신 상태 유지를 위해 사용되며 방문한 사이트의 모든 페이지의 복사본을 생성하는 방법으로 작동한다. 검색엔진에서는 수집된 데이터를 토대로 색인을 생성하고 새로운 데이터를 찾아 색인을 추가하기도 한다.

(2) 방법 및 절차

웹 크롤러는 봇(Bot)이나 스파이더(Spider), 지능 에이전트의 한 가지 형태로 시드(Seeds)라고 불리는 URL 리스트에서부터 시작하여 페이지의 하이퍼링크를 인식하여 URL 리스트 페이지를 갱신한다. 갱신된 URL 리스트를 주기적으로 다시 방문하여 페이지의 데이터를 수집한다(위키피디아, 2018).

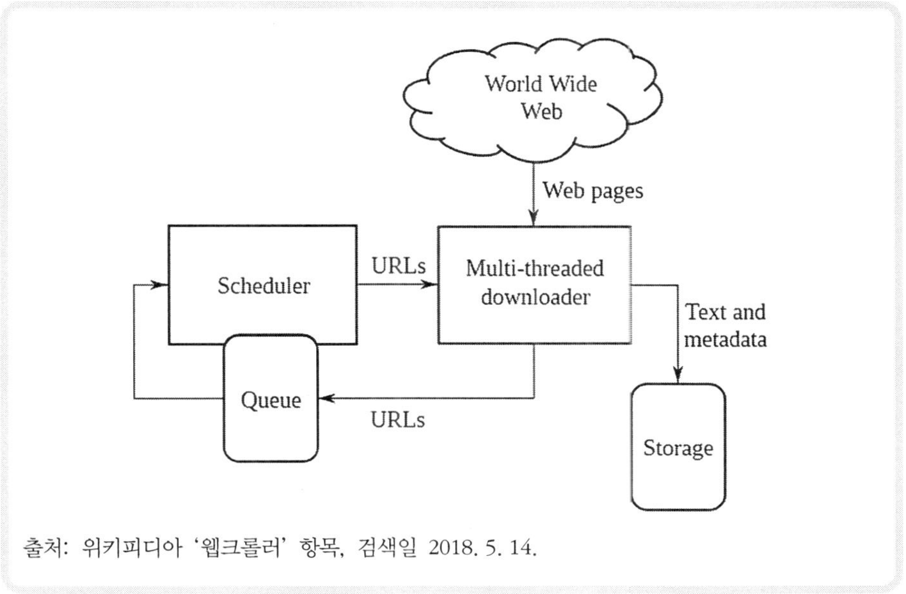

출처: 위키피디아 '웹크롤러' 항목, 검색일 2018. 5. 14.

그림 3-31 웹 크롤러의 구조

(3) 유의사항

웹 크롤러 이용에는 페이지의 과부화를 막고 정확한 정보 수집을 위해 페이지의 다운로드를 언급하는 선택 정책, 언제 문서의 변경사항을 검사할지를 언급하는 재방문 정책, 웹 사이트의 과부하를 막기 위해 언급하는 공손성 정책, 분산 웹 크롤러를 어떻게 조율할지를 언급하는 병렬화 정책 등 복합적인 정책이 요구된다(조완섭 외, 2013).

(4) 적용 사례

빙봇, 구글봇과 같은 포털사이트들이 대표적인 이용사례다. 포털사이트들은 웹을 검색하여 주기적으로 최신정보를 수집하여 검색결과로 표시한다.

(5) 관련 기사

빅데이터 시대, 시장조사업체도 자료수집에 최신기술 도입

"어머어마한 데이터 속에서 고객사가 원하는 정보를 빠르게 얻을 수 있게 하는 것이 중요하다. 시장 조사업체도 로봇이 자동으로 정보를 수집하는 기술을 활용하는 방향으로 변화하고 있다."

27일 국내 공식 진출을 선언한 시장조사업체 유로모니터의 로버트 N. 시니어 창업자는 ICT(정보통신기술)의 발전에 따라 시장조사업체도 조사 방법에 변화를 주고 있다며 이같이 밝혔다. 유로모니터는 1972년 설립돼 유럽을 중심으로 전 세계 100여개국에서 시장조사 정보를 제공하고 있다. 올해 글로벌 매출 목표는 2억 달러(약 2,143억원)다.

이날 서울 여의도 IFC빌딩에서 가진 그룹인터뷰에서 그는 "삼성전자(005930) 등 한국 기업들이 몇 년 전 처음에 만났을 때는 제조업 중심의 마인드로 마케팅에 크게 신경을 쓰지 않는 모습이었는데, 이제는 소비자들의 움직임 추적을 치밀하게 하는 등 시장 조사 정보를 잘 활용하고 있다"며 특히 해외 시장 정보에 대한 관심도가 높다고 전했다.

그는 또 시장 정보 수집에 있어 자동 설정된 봇(Bot)이 직접 온라인 상에서 정보를 수집하는 웹 크롤링(Web Crawling) 기법을 활용한 데이터 확보 방식을 적극 활용하고 있다며 "어떤 제품이 어떤 방식으로 매출을 높일 수 있을지에 대한 예측 가능한 형식을 통해 고객사에게 제공할 수 있는지에 대해 항상 노력하고 있다"고 강조했다. 인구 변화, 특정 산업 내에서의 변화 양상, 시장 내 소비자들이 지출 양상 등을 종합적으로 고려한 산업 분석 형태를 만들어 데이터를 보다 해석하기 쉽게 제공하는 데 주력하고 있다는 설명이다.

또 넷플릭스, 아마존, 샤오미 등 글로벌 IT 기업들의 성공에 대해 언급하며 "소비자들이 더욱 더 연결이 많아지는 상황에서 '어디에서 어떻게' 소비하는가에 대한 변화는 기업 입장에서도 더욱 더 주목해야 할 부분"이라고 설명했다.

유로모니터는 지난해 8월 한국지사 설립을 결정하고 초대 한국지사장으로 고은영 전 가전부문 리서치 글로벌 총괄을 선임했다. 한국 지사의 현재 고객사는 300여개에 이른다. 삼성전자와 LG전자(066570)는 물론 화장품, 유통·식품, 정부기관 등 구성도 다양하다.

고 지사장은 올해 주요 시장 변화 요인 중 한국 시장에서 일어날 변화로 △프리미엄화(Premiumnization) △헬스리빙(Health Living) △커넥티드 컨수머스(Connected Consumers) 등 크게 세 가지 요인을 꼽았다. 그는 "중산층과 고령화, IT의 발전 등이 복합적으로 작용한 변화가 일어나고 있다"고 진단하며 "종합 보고서인 '패스포트' 서비스와 맞춤형 컨설팅 서비스를 통해 다양한 분석자료를 제공하며 차별화하고 있다"고 말했다.

〈이데일리, 이재운 기자, 2018. 2. 27., http://www.edaily.co.kr/news/news_detail.asp?newsId=03142246619114784&mediaCodeNo=257&OutLnkChk=Y〉

12. 트렌드 분석

(1) 개 요

트렌드 분석은 최근의 사회적 이슈를 파악하기 위하여 이슈에 대한 키워드의 빈도로부터 이해관계자들의 관심 정도를 파악하는 방법이다(황명하, 2018). 트렌드 분석에 가장 많이 활용되는 것이 네이버 트렌드와 구글 트렌드이다. 네이버 트렌드는 특정 키워드와 조회 기간 등을 입력한 후 '조회하기' 버튼을 클릭하면 특정 키워드에 대한 시각화된 모습이 나타난다. 구글 트렌드는 구글 검색 데이터를 '관심도'라는 수치로 나타내며, 시간의 흐름에 따른 변화를 그래프로 보여준다. 전 세계의 검색량을 기반으로 하여 트렌드를 예측할 수 있으며, 연관

검색어를 나타내줌으로써 특정 키워드에 대한 사람들의 관심 정도와 그와 관련된 키워드를 파악할 수 있다.

(2) 방법 및 절차

트렌드 분석을 하기 위해서는 트렌드 사이트에 접속을 해야한다. 네이버 트렌드는 웹 사이트(https://datalab.naver.com/keyword/trendSearch.naver)에 접속하고, 구글 트렌드는 웹 사이트(https://trends.google.com/trends/)에 접속한 후 분석을 원하는 키워드를 입력 후 조회하면 시각화된 결과값을 볼 수 있다.

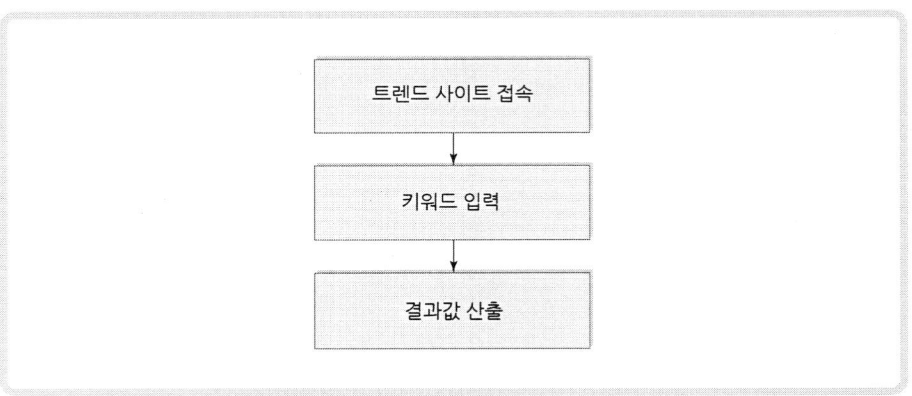

그림 3-32 트렌드 분석 방법 및 절차

(3) 유의사항

구글 트렌드 분석은 전 세계의 검색량을 기반으로 하지만 중국과 같이 구글의 사용이 금지된 국가의 데이터가 포함되지 않는 결과를 나타낸다는 점에 유의해야 한다.

네이버 트렌드 분석은 국내의 데이터에 한정되어 있다는 한계점이 존재한다.

(4) 적용 사례

구글 트렌드 분석을 통해 감천문화마을에 대한 관심도를 분석하였다. 감천문화마을에 대한 검색은 간헐적으로 존재하다가 2013년을 기점으로 본격적으로 증가하였다. 〈그림 3-33〉에서 나타난 바와 같이 외국인의 관심도는 꾸준히 증가하였다. 이후 2018년 1월에 감소 추세를 보임으로써 구글 트렌드가 보여주는 경향이 미래의 방문객 지표를 나타낸다고 보았을 때 향후 외국인 관광객의 감소가 예상된다. 지역별로는 한국, 싱가포르, 말레이시아, 필리핀, 인도네시아, 태국, 베트남, 미국, 프랑스 순으로 관심도가 나타났다.

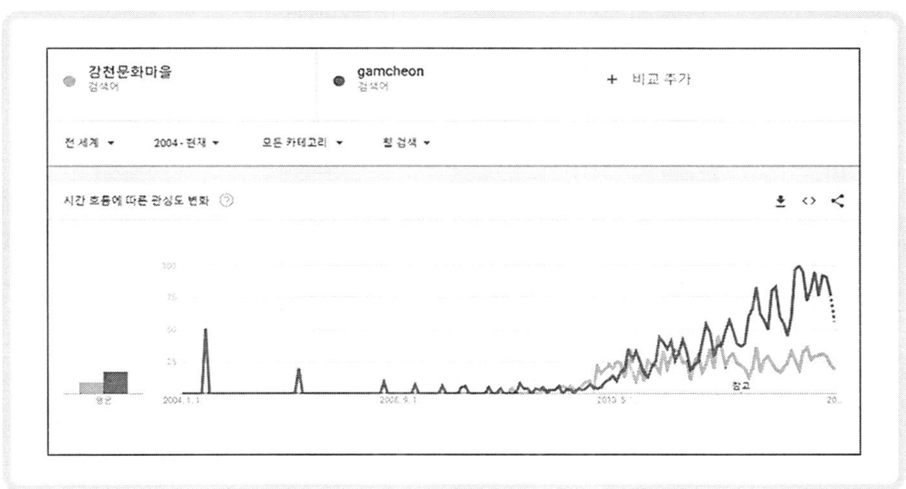

그림 3-33 구글 트렌드 분석 예시

(5) 관련 기사

빅데이터가 바라본 OLED와 QLED, 그 결과는?

시간이 흐르면서 자연스레 뜨고 지는 것이 유행이다. 하지만 일정한 기간 동안은 소위 '대세'로 자리잡으며 많은 사람들이 따르기도 하고 입에 오르내리기도 한다. 과거에는 이런 유행들에 대한 정보를 쉽게 얻을 수 없었지만 네트워크가 발달한 요즘에는 약간의 검색만으로 쉽게 유행을 읽고 내다볼 수 있게 되었다.

이런 유행을 쉽게 확인할 수 있는 서비스 중 하나가 구글 트렌드(Google Trends)다. 이 서비스는 구글 내에서 수집되는 다양한 검색 데이터들을 계량화해 보여주는 도구로, 누구나 접속 가능하고 관련 단어를 입력하면 정해진 기간 내에 관심도를 그래프로 볼 수 있다. 때문에 이 서비스는 전 세계 사람들의 관심도를 반영하는 디지털 지표로 활용되고 있다.

구글 트렌드는 지난 미국 대선에서 트럼프 후보의 당선을 미리 예언했다는 평을 받기도 했다. 과거 구글 트렌드 검색량을 확인해 보면 도널드 트럼프 관련 검색량은 힐러리 클린턴을 크게 앞서 있기 때문이다. 검색량이 대중적 관심을 확인하는 지표라는 부분이 반영된 결과다. 영국의 유럽연합 탈퇴 관련 투표도 여론조사는 잔류에 무게를 두었지만 구글 트렌드는 탈퇴가 유력한 것으로 나오기도 했다.

IT시장도 유행에 민감하게 반응한다. 특히 새로운 기술에 시장이 화답할 때 더 큰 효과로 이어지는 경우가 많았다. 올해는 인공지능을 바탕으로 다양한 관련 기술들이 주목을 받고 있다. 대표적인 것이 자율주행차라 하겠다. 시장의 주류를 놓고 격돌하는 현재 상황에서도 유행이라는 게 존재한다. 바로 디스플레이 시장에서 치열하게 경쟁하고 있는 유기발광다이오드(OLED)와 양자점 기반 액정 디스플레이인 QLED가 그 주인공이다.

▌빅데이터가 분석한 OLED와 QLED

구글 트렌드를 활용해 OLED와 QLED의 관심도를 확인해 봤다. 두 검색어를 각각 입력하면 1년 이전의 자료를 보여주게 된다. 때문에 관심도 변화는 지난 2017년 4월 16일을 시작으로 표기되어 있는 상태. 먼저 육안으로 두 그래프를 확인해도 OLED가 압도적으로 많은 관심을 보여주고 있는 것으로 나타났다. 수치적으로 봐도 최소 2.5배 이상 차이를 보여주고 있다.

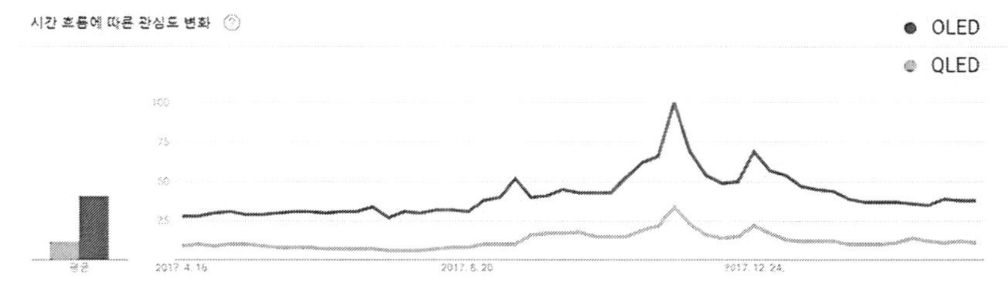

〈OLED와 QLED, 구글 트렌드의 웹 검색 관련 관심도 결과 그래프〉

가장 많은 검색이 이뤄진 시기는 지난해 11월 19일부터 25일까지로 나타났다. 특정 지역이 아닌 전세계 사용자들이 검색한 결과에 따른 것인데 다른 기간과는 상당한 차이를 보인다. 이때 OLED는 100, QLED는 35를 기록했다. 왜 이렇게 많은 검색량이 몰렸는가 확인해 봤더니 해당 기간은 미국의 최대 쇼핑 시즌인 블랙 프라이데이(Black Friday)였다. 소비가 많이 이뤄지는 시기이므로 실제 제품을 구매하기 위해 사람들이 검색을 했을 가능성이 높다.

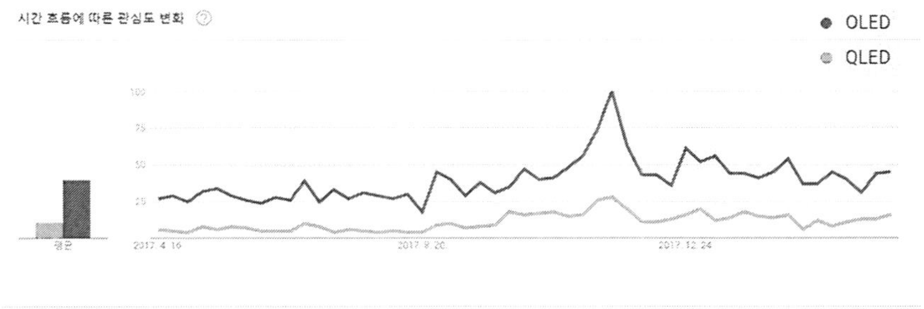

〈OLED와 QLED, 구글 트렌드의 구글 쇼핑 관련 관심도 결과 그래프〉

그래서 결과값을 웹 검색이 아닌 구글 쇼핑 항목으로 변경했다. 비슷한 그래프 양상을 보이는 가운데, 동일한 시기(11월 19일~25일)의 검색 결과를 보니 웹 검색과 큰 차이를 보이지 않았다. OLED는 여전히 관심도 100

을 보여준 반면, QLED는 웹 검색에 비해 증가한 45의 관심도를 보였다. 그럼에도 불구하고 OLED가 많은 검색이 이뤄졌다는 점에는 변함이 없다.

평균 검색량은 OLED가 웹 검색량 기준 평균 30~40 사이를 오가는 모습을 보여준다. QLED는 초반에는 한 자리 숫자의 관심도였다가 지난해 9월을 기점으로 두 자리 숫자의 관심도를 회복한 상태. 그럼에도 OLED와 비교해 현저히 낮은 수치다.

참고로 구글 트렌드의 관심도 수치는 차트에서 가장 높은 지점을 기준으로 한다. 그리고 그 수치는 100을 넘지 않는다. 그러니까 가장 높은 시기의 관심도를 100으로 보며 그 이하는 상대적인 비율에 따라 표기된다는 이야기다. 검색어에 대한 자료가 충분하지 않은 경우에는 0으로 표기된다.

지역별로 어떤 디스플레이에 관심이 있는지 확인해 봤다. 전세계적으로 OLED에 대한 관심이 높은 가운데, 특정 국가는 QLED에 더 높은 관심을 보였는데, 살펴보니 세르비아, 이집트, 모로코, 에콰도르 등이 여기에 해당한다.

❙ OLED TV, 대세 넘어 주류 될까?

시장조사기관 IHS의 자료에 따르면 LG전자는 지난해 4분기에 약 54만대 가량의 OLED TV를 판매했다. 삼성의 QLED TV도 동일한 시기에 약 41만 5,000대 가량을 판매했다. 그만큼 OLED TV에 대한 시장의 관심이 높다. 자연스레 디스플레이 제조사들의 관심도 OLED에 집중되고 있다. LG와 소니 외에도 파나소닉, 필립스, 도시바, 뱅앤올룹슨, 스카이워스 등 약 15개 기업이 OLED 패널을 생산하거나 관련 제품을 만들어내고 있을 정도다.

프리미엄 상품의 이미지도 상대적으로 견고하다. 전세계 2,500달러(원화 환산 약 270만 원 상당) 이상의 프리미엄 시장에서 OLED TV 점유율은 지난 2015년 15%에서 2016년에는 35%를 기록할 정도. 2017년에는 액정(LCD) TV를 제치고 51%의 점유율을 기록하며 대세로 등극하기도 했다.

OLED의 장점은 다양하다. 디스플레이를 구성하는 소자 스스로가 빛을 내기 때문에 뛰어난 화질은 물론 자연스러운 색상 계조를 구현하는 게 가능하다. QLED나 액정 디스플레이처럼 밝기를 확보하기 위해 패널 후면에 빛을 내는 장치(백라이트)를 구성하지 않아도 된다. 이 같은 특성을 바탕으로 두께와 무게를 줄일 수 있으며 TV를 설계하는 과정에서의 자유도 또한 높아진다.

잘 휘어지고 구성이 단순하다는 부분은 분명한 장점이다. LG 시그니처 올레드(OLED) TV는 월페이퍼 디자인을 도입, 마치 벽에 액자를 거는 느낌으로 설계돼 주목받은 바 있다. 이 제품은 77인치 크기를 자랑하지만 두께가 6mm도 채 되지 않을 정도다. 일반 액정 또는 QLED 디스플레이는 아무리 얇게 만들어도 대부분 20~30mm 내외의 두께를 갖는다는 점과 비교하면 분명한 차이를 보인다.

많은 디스플레이 기업들이 OLED를 적극 채택하면서 시장 선택의 폭은 더욱 늘어날 전망이다. 동시에 가격 경쟁력도 갖춰질 것이다. 그렇다면 이 모든 것들이 갖춰졌을 때 빅데이터가 분석한 것처럼 OLED가 대세를 넘어 시장의 주류로 자리하게 될까? 흥미로운 부분이 아닐 수 없다.

〈IT동아 기사, 강형석 기자, 2018. 4. 6., http://it.donga.com/27595/〉

13. 오피니언 마이닝(감성분석)

(1) 개 요

오피니언 마이닝은 특정 주제에 대한 사람들의 주관적인 의견을 수치화하여 객관적인 정보로 나타내는 방법이다. 특정 사안에 대한 사람들의 의견뿐만 아니라 감정과 태도를 분석하기 때문에 감성분석(Sentiment Analysis)이라고도 한다. 오피니언 마이닝의 주된 분석 대상이 텍스트이므로 텍스트 마이닝에서 활용하는 자연어 처리(NLP) 방법이 사용되기는 하지만 감성사전을 활용한 분류에 의해 텍스트를 분석하기 때문에 텍스트 마이닝과는 구분된다(진위 외, 2014).

(2) 방법 및 절차

오피니언 마이닝 분석을 위한 데이터는 포털 게시판, 블로그, 쇼핑몰과 같은 웹 문서로부터 웹 크롤링 방법을 사용하여 수집할 수 있다.

수집된 텍스트 자료에서 사실과 의견을 구분하여 어휘정보의 특징을 추출한다. 이후 추출된 어휘가 해당 텍스트에서 어떤 의미로 사용되었는가에 대한 판단 및 분류를 실시한다. 또한 '긍정' 또는 '부정'으로 텍스트를 분류하고, 그 강도를 측정한다. 마지막으로 분석한 정보들을 요약하여 효율적으로 사용자에게 전달하기 위하여 정보요약 및 시각화를 한다(김승우와 김남규, 2014).

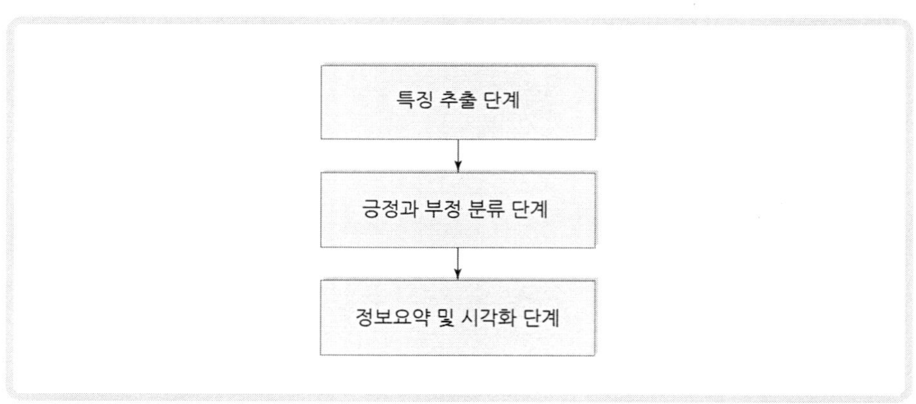

그림 3-34 오피니언 마이닝의 방법 및 절차

(3) 유의사항

오피니언 마이닝에서는 감성사전 구축과 문서의 감성극성 판별과정에서 수많은 판단을 요구한다. 예를 들어 감성사전을 구축할 때 중립성향의 단어로 분류되어 감성사전에서 제외되는 감성지수의 범위를 어떻게 설정할 것인지, 감성사전에서 중의적 표현을 어떻게 다룰 것인지에 대한 다양한 판단이 존재하게 되며, 이러한 판단이 예측 성능에 영향을 끼치게 된다. 따라서 지속적인 실험데이터의 확대, 실험의 정밀성 및 다양성 향상을 위한 엄밀한 평가와 개선이 요구된다(김승우와 김남규, 2014).

(4) 적용 사례

진위 외(2014)의 연구에서는 영화 흥행성과 예측을 오피니언 마이닝을 통해 실시하였다. 영화 흥행성과 연구들에서 주요하게 다루어진 영화에 대한 구전의 크기와 방향성과 같은 요인들을 토대로 구전 네트워크와 최종 영화 매출과의 상관관계를 가설로 설정하고 연구 모형을 검증하기 위하여 대표적인 온라인 영화 커뮤니티 사이트인 IMDB(Internet Movie Database)에서 영화 구전 데이터를 수집하고, Box-Office-Mojo에서 영화 매출 데이터를 수집하였다. 2012년 9월부터 1년 동안, 주간 Top-10에 포함된 영화들을 대상으로 총 103개의 영화에 대한 메타 데이터와 커뮤니티 데이터를 분석한 결과, 구전의 크기와 방향성이 최종 매출에 긍정적인 영향을 미치는 것을 파악하였다. 또한 그전 네트워크 내의 참여자의 의견이 최종 매출에 영향을 미치는 것을 파악하였다(진위 외, 2014).

(5) 관련 기사

'쌓인 리뷰 꿰어야 보배' … 여기어때, 검색 고도화에 리뷰 활용

소셜네트워크(SNS)와 O2O(Online to Offline) 서비스 활성화로 방대한 양의 사용자후기(리뷰)가 생성되고 있다. 리뷰는 온라인을 통한 구매 결정에 큰 영향을 미친다. 이용자가 실물을 확인하기 전에 구매를 결정해야 하기 때문이다. 업체 입장에서도 중요한 피드백 자료다.

많은 업체들이 리뷰 확보를 위해 노력하지만 양질의 리뷰 확보는 어렵다. 오직 보상 포인트를 얻기 위해 작성된 단문 리뷰는 큰 도움이 되지 않는 경우가 많다. 오히려 숫자만 많고 무의미한 리뷰들은 중요한 정보 획득을 방해한다. 이 때문에 누적된 리뷰 데이터를 기반으로 다른 활용법을 찾아내려는 시도가 이어지고 있다.

14일 업계에 따르면 숙박 O2O(Online to Offline) 여기어때를 운영하는 위드이노베이션(대표 심명섭)은 최근 애플리케이션(앱) 업데이트에서 리뷰 데이터를 활용한 검색 고도화 기능을 도입했다. 사용자 맞춤형 숙소 추천이 목적이다. '가로수길 야경이 좋은' '해돋이가 보이는' 등 추상적인 자연어를 검색어로 입력하면 다른 이용자가 남긴 리뷰를 기반으로 검색 결과를 내놓는다. 기존 검색 시스템은 지역, 가격, 유형 등으로만 숙소를 찾을 수 있었다.

검색어와 리뷰가 몇 건이 일치하는지도 검색창에서 미리 확인할 수 있다. 자연어처리 기술을 통해 검색어와 다르더라도 맥락상 같은 의미라면 검색 결과에 반영된다. 리뷰가 아닌 업체 측에서 제공한 숙소 정보와 검색어가 일치한다면 이는 별도로 표시해준다. 정성적 정보를 얻기 위해 리뷰를 일일이 읽어봐야 하는 수고를 줄여준 셈이다.

검색 고도화에는 플랫폼에 누적된 220만건의 '리얼리뷰'가 활용됐다. 여기어때 앱을 통해 직접 결제했거나 방문 제휴점에서 QR코드를 인식한 이용자에 한해 남길 수 있는 리뷰다. 리뷰 작성가능 기간도 체크인 후 14일로 제한해 신뢰성을 더 높였다. 리얼리뷰가 자리 잡은 후 기존 일반 리뷰 제도는 폐지했다.

여기어때는 또 다른 리뷰 활용법으로 앞서 '스마트 리뷰 알림' 시스템을 도입한 바 있다. 불만족 후기가 작성되면 업주에게 실시간으로 알림을 보내 신속한 대응이 이뤄지도록 했다. 관리자가 모든 후기를 확인하는 데 드는 시간을 줄여준다. 대량의 텍스트 데이터에서 이용자 의견을 추출하는 오피니언 마이닝(Opinion Mining) 기술이다.

여기어때 기술 블로그 '여기연구소'를 살펴보면 해당 시스템에 고려된 연구 과정을 알 수 있다. 딥러닝 기술로 리뷰에 사용된 단어와 맥락을 분석해 자동으로 긍정, 부정 후기를 구분할 수 있는 솔루션이다. 예컨대, 통상 부정 리뷰는 긍정 리뷰에 비해 3배 이상 내용이 길다. 불만족 이용자일수록 자세한 상황 설명을 하는 경우가 많기 때문이다. 긍정-부정이 동시에 들어간 리뷰는 문장 단위로 끊어서 분석하기도 한다.

불만족 후기에 빠른 대응이 필요한 이유는 업주의 피드백으로 숙소에 대한 이미지가 달라질 수 있기 때문이다. 최근 업주 댓글을 재치 있게 달아 숙소 홍보 효과를 보는 사례도 늘어났다. 더욱이 숙박업종은 리뷰 관리 중요성이 배달음식 등 타 업종에 비해 더 크다. 단골손님 관리 방법이 사실상 리뷰밖에 없기 때문이다. 연인과 함께 방문한 손님에게 오프라인에서 친분을 과시할 경우 곤란한 상황을 유발할 수도 있다.

여기어때는 리뷰 데이터 활용과 동시에 숙박 정보 전달이라는 리뷰의 본질적 기능도 강화하고 있다. 리뷰 글에 '꿀정보' 버튼을 도입해 잘 쓴 리뷰와 스팸성 리뷰를 다른 사용자가 평가할 수 있도록 했다.

꿀정보를 많이 받은 리뷰어는 별도로 선별해 관리한다. 지난달 상위 1%에 속하는 이용자 1,600명을 뽑아 '여기어때 히어로즈'를 출범시켰다. 이들에게는 활동지원금이 지급되며, 작성하는 리뷰에도 '히어로즈 배지' 아이콘을 달아 일반 리뷰와 차별화했다.

여기어때 관계자는 "사용자가 직접 남긴 이용후기는 어떤 숙박정보보다 현장감 있고 신뢰도 높은 고유 자료"라며 "향후에도 숙박 및 레저에 특화된 빅데이터를 확보해 여기어때에서 믿고 예약할 수 있도록 추천 서비스를 제공할 것"이라고 말했다.

〈디지털데일리, 이형두 기자, 2018. 3. 15.,
http://www.ddaily.co.kr/news/article.html?no=166781〉

14. 코퍼스 분석(Corpus Analysis)

(1) 개 요

사회자본정비와 같은 이해관계가 복잡한 정책은 의사결정 과정에 사회적인 합의를 위한 토론 과정이 필요하다. 점차 다양화·복잡화되어가는 사회구성원과 요구들을 수용하는 과정에 요구되는 공적 토론을 효과적으로 진행하여 의견을 통합하기 위해 코퍼스 분석 방법을 활용할 수 있다. 공적 토론의 가장 중요한 역할은 해당 프로젝트의 미션과 제도에 대한 공통 시각(Common Perspectives)을 확인하고 통합하는 것으로 해당 프로젝트에 대한 다른 참가자들의 관점, 즉 다른 사람들이 프로젝트에 대해 가지고 있는 관심사에 대해 상호간의 이해를 증진시킬 필요가 있다. 공적 토론이 상호 이해를 높이고 해당 프로젝트의 미션과 계획을 제대로 요약하고 있는지 그 절차가 타당한지에 대해 평가하는 것이 중요하며, 공적 토론의 내용과 대립상황을 명확히 하고 보다 나은 토론 진행 전략(Facilitation Strategy)을 찾기 위한 과학적 관리 방법론이 필요하다.

코퍼스 분석 방법론을 기반으로 하는 담화분석은 기존 행정의 자기평가에 의한 정책 프로세스와 달리, 사회적 커뮤니케이션을 통한 다면적 상호평가(A Wide Range Evaluation)와 협력적인 상호조정(Corporative Mutual Adjustment)를 중시한 "대화형 계획 프로세스(Communicative Planning Process)"를 가능하게 한다(정하영 외, 2017).

(2) 방법 및 절차

코퍼스 분석 방법은 먼저 시민, 기업, 전문가, 미디어 등에 의한 사회자본정비에 관한 정책평가 및 의견을 수집한 코퍼스를 작성하는 정보수집 단계이다. 코퍼스의 규모는 크면 클수록 바람직하지만 가장 중요한 것은 해당 사회에 있어서 다양한 이해관심을 포함하고 밸런스를 유지하는 것이다. 코퍼스 데이터로는 공적 토론의 발언, 인터넷 정보, 인터뷰, 통계조사 등 다양한 정보를 다루는 것이 가능하다.

둘째, 정량적·정성적인 코퍼스를 처리하는 단계로 자연언어처리(Natural Language Processing)와 데이터 마이닝(Data Mining)을 적용하여 코퍼스의 통계적 처리와 부가적 정보를 추가하고, 담화분석 등이 가능하게 된다. 예를 들면 사회적인 공통관심과 신념 등에 대한 수치적인 이해를 얻을 수 있다. 또 코퍼스 정보원의 속성과 상황적 문맥을 이해할 수 있게 된다.

셋째, 정보공개를 위한 정보검색 시스템을 구축하는 단계로 정보이용자인 시민과 행정이 자유롭게 데이터를 검색, 재이용할 수 있게 되면서 피드백을 촉진하고 정보의 질 향상과 사회적 학습을 얻을 수 있다. 보다 적절한 의사결정을 이끌어 내기 위해서 또 행정의 원활한 업무를 보장하기 위해서 정보공개는 중요한 역할을 한다. 정보공개에 의한 시민과 행정 사이의 정보의 비대칭을 축소하고 시민과의 협력관계를 유지하며 신뢰형성을 촉진하는 것이 기대된다. 더욱이 정보공개를 통해서 공적 토론들을 비교함으로써 정보의 비대칭(Informational Asymmetry), 잘못된 정보의 연속(Cascades of False Information), 자의적 토론의 구조화(Structured Deliberation) 등 여러 문제에 대한 이해를 얻을 수 있다(정하영 외, 2017).

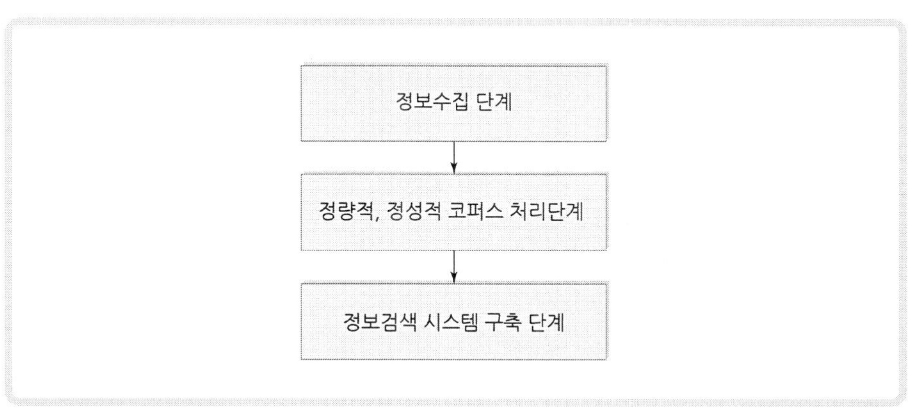

그림 3-35 코퍼스 분석의 방법 및 절차

(3) 유의사항

코퍼스 분석에서는 형태소 분석기를 통해 단어의 형태소를 어미, 어간, 접두사, 접미사, 의성어, 의태어 등으로 분류하여 태깅(Tagging)하는 전 처리 과정을 거친다. 언어는 시대에 따라 지속적으로 변화하는 것이며, 새로운 언어들이 빠르게 생성되고 있다. 따라서 형태소 분석기도 새로운 언어를 수용할 수 있도록 지속적으로 개선되어야만 분석의 질을 유지할 수 있다.

(4) 적용 사례

정하영 외(2017)의 연구에서는 문제탐색과 의사결정을 위한 빅데이터 과학의 일환인 코퍼스 언어학 기반의 내용분석수법(Corpus Linguistic Based Content Analysis)을 응용하여, 민원데이터 속에 내포되어 있는 시민들의 실질적인 공적 관심사(Public Concern)를 객관적으로 기술하고 자동적으로 집약하는 공적관심사 평가수법(Public Concern Assessment Methodology)을 개발하는 것을 목표로 하였다. 전자민원 창구인 "부산시에 바란다"에 2015년 1월 1일~2015년 6월 31일까지 공개 접수된 민원데이터를 토대로 TFIDF(Term Frequency Inverse Document Frequency) 수법을 이용한 주요민원 분석 방법론과 공기어(Co-Occurrences) 추출과 공기어 구조 맵을 시각화하여 주요민원에 대한 공통인식 및 의견대립에 대한 시사점을 도출하였다. 민원분석 결과, 가장 높은 관심사를 나타낸 '버스노선'에 대한 공기어 추출 맵은 〈그림 3-36〉과 같이 나타났다(정하영 외, 2017).

"차량", "시민", "아파트", "설치"와 공통으로 출현하는 단어는 "과속", "시간", "안전", "불편" 등의 단어이다. 이러한 단어의 연결구조가 민원인들의 버스노선에 대한 주요 이해관심사(Concern)라고 해석할 수 있다. 연결된 단어들을 통하여 단어마다 부주제에 대한 이해관심구조를 파악할 수 있다. "차량"이라는 핵심단어와 연결된 "올림픽경기장", "우회전", "차선", "공사" 등의 단어를 통해 특정지역과 특정 인프라에 대한 관심을 파악할 수 있다(정하영 외, 2017).

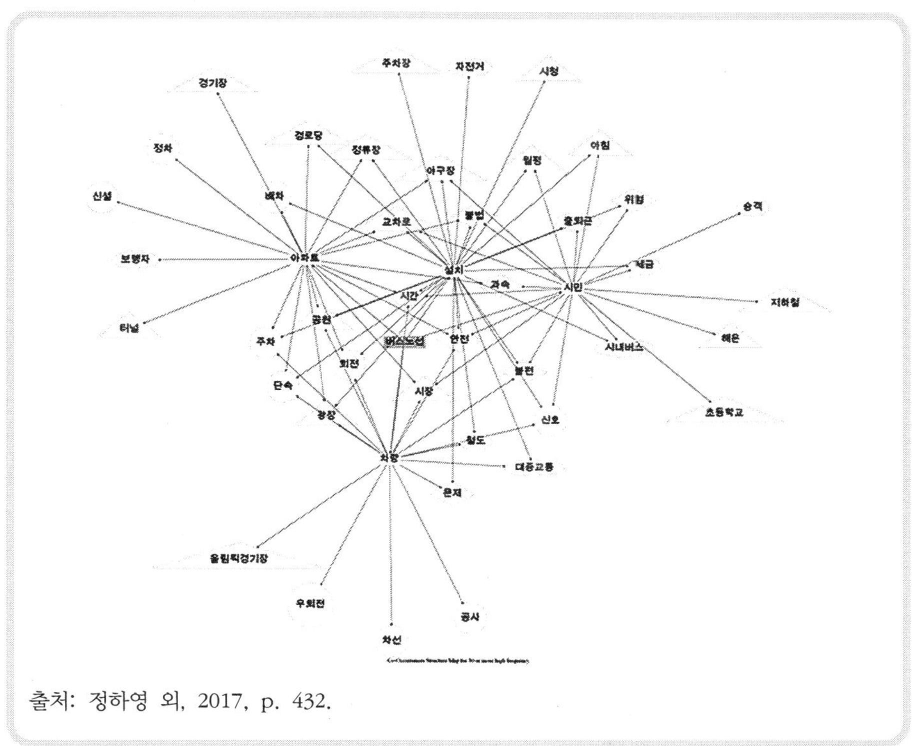

출처: 정하영 외, 2017, p. 432.

그림 3-36 "버스노선"에 대한 공기어 구조 맵

(5) 관련 기사

송철의 국립국어원장 "한국어 AI 시대의 기초는 말뭉치, 제2의 세종계획 추진해야"

구글의 메신저 '어시스턴트(Assistant)', 아마존의 스피커 '에코(Echo)', SK텔레콤의 스피커 '누구(NUGU)', 한컴인터프리의 번역 애플리케이션 '지니톡(Genie Talk)'… 이들의 공통점은 '사람의 말을 알아듣는' 인공지능(AI)이라는 것이다. 기계가 컴퓨터 프로그램 명령어가 아닌, '불 좀 꺼줄래?'와 같은 사람의 일상 언어(자연어)를 이해한다는 뜻이다.

사람 말을 알아듣고 사람이 원하는 결과를 제공하는 기계를 만들려면

'자연어 처리(Natural Language Processing)' 기술이 필수적이다. 또 자연어 처리의 질을 높이려면 디지털화한 언어의 데이터베이스가 필요하다. 기계가 방대한 언어 데이터를 통해 인간의 말을 배워야 음성을 인식하고 통역과 번역을 해낼 수 있기 때문이다.

언어 데이터베이스의 기초가 바로 '말뭉치(Corpus)'다. 국립국어원은 1998년부터 2007년까지 한국어 정보 처리 기술을 위한 대규모 국어 정보화 사업인 '21세기 세종계획(이하 세종계획)'을 통해 말뭉치 약 2억 어절을 구축했다.

국립국어원은 또 지난 10월 5일 개방형 사전 '우리말샘'을 개통했다. 우리말샘은 위키피디아처럼 국민 누구나 참여해 한국어 뜻풀이 · 발음 · 방언 · 예문 · 사진 자료 등 한국어 정보를 더하거나 수정할 수 있는 사용자 참여형 사전이다. 우리말샘에 쌓이는 언어 데이터는 기업이나 민간에서 자유자재로 사용할 수 있다.

한글날을 맞아 송철의(64) 국립국어원장을 지난 7일 만나 말뭉치와 우리말샘, 국어 정보화 사업에 관한 의견을 들었다. 송 원장은 "AI에서 핵심은 사고이며, 사고는 곧 언어에 담아 나타난다는 점에서 국어 정보화 사업이 중요해질 수밖에 없다"며 "국립국어원도 제2의 세종계획을 추진하는 등 국어 정보화 사업에 힘쓸 것이다"고 역설했다. 그는 "국어 정보화 사업 관련 전문 인력이 부족하고, 예산도 충분하지 않다"며 아쉬워하기도 했다.

언어 빅데이터 '말뭉치' … 세종계획 이후 10년 동안 한국어 말뭉치에 손도 못대

송 원장은 말뭉치를 "언어 빅데이터(Big Data)"라고 표현했다. 말뭉치는 일련의 분석 과정을 거쳐 컴퓨터가 인식할 수 있도록 저장된다. 잘 정리된 저장된 말뭉치가 많을수록 AI의 음성 인식률이 높아지고 자동 통번역 정확도가 올라간다. 말뭉치가 많아야 AI가 스스로 학습(딥러닝)하며 인간의 언어를 충분히 추론하고 이해할 수 있기 때문이다.

말뭉치는 우리 생활 어디에나 존재한다. 신문, 책, 음성에 있는 단어나 문장 등 언어 자료들이 다 말뭉치가 될 수 있다. 문어 자료나 음성자료 등 가공되지 않은 언어 자료를 '원시 말뭉치(날 말뭉치)'라고 한다.

원시 말뭉치를 여러 기준으로 분석한 것을 분석 말뭉치라고 한다. 형태소 단위로 쪼개어 분석한 것을 '형태분석 말뭉치', 주어와 목적어, 서술어 등 구문 구조를 분석한 것을 '구문분석 말뭉치'라고 한다. 보는 눈과 먹는 눈 등 동형이의어(同形異義語)를 구별하는 '의미분석 말뭉치'도 있다. 이처럼 원시 말뭉치를 각각 쓰임과 소재에 따라 분석해 놓은 말뭉치를 '분석 말뭉치(Tagged Corpus)'라고 부른다.

분석 말뭉치는 말뭉치 사용 방법에 따라 그 차원이 무궁무진하다. 형태분석, 구문분석, 의미분석 말뭉치 외에도 옛 언어를 구별해내는 '역사자료 말뭉치', 한국어를 배우는 외국인들이 자주 틀리는 말뭉치를 모은 '한국어 학습자 말뭉치', 한국어-영어·한국어-일본어 등 문장을 대응시킨 '병렬 말뭉치'도 있다. 특히, 병렬 말뭉치는 컴퓨터로 서로 다른 언어를 번역하는 기계번역에서 주로 쓰인다.

원시 말뭉치와 분석 말뭉치는 모두 언어 데이터로 이용된다. 실제 국립

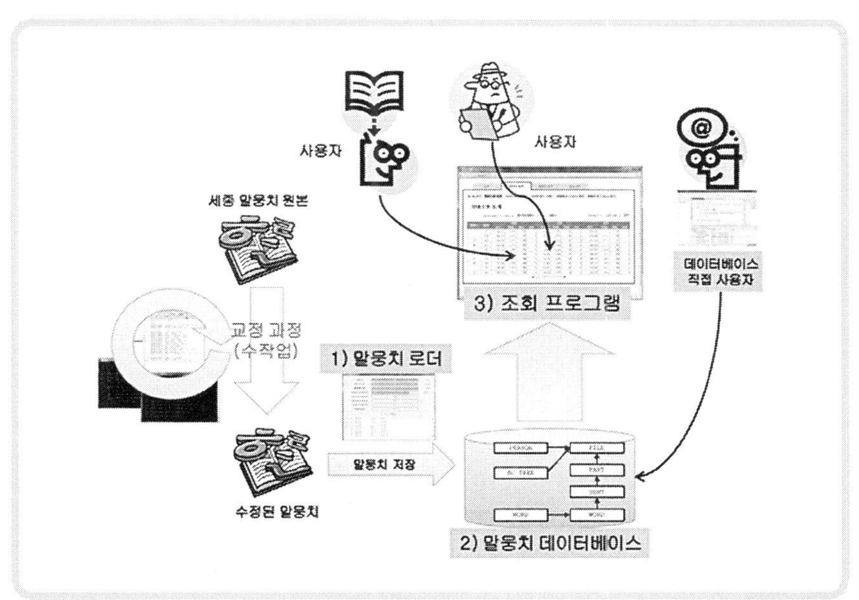

〈말뭉치를 데이터베이스에 구축하는 과정/논문 '꼬꼬마: 관계형 데이터베이스를 활용한 세종 말뭉치 활용 도구(이동주, 연정흠 등. 201C) 캡처〉

국어원이 세종계획으로 구축한 말뭉치는 학계와 민간 자연어 처리 분야에서 다양하게 활용되고 있다. 세종 말뭉치를 데이터베이스에 저장해 서울대에서 웹 프로그램 형태로 구현한 꼬꼬마 세종 말뭉치 활용 시스템이 대표적이다(이동주, 연정흠 등, 2010). 또 국립국어원은 네이버, 구글 등 언어처리 기업들에 당시 세종계획 말뭉치를 제공하기도 했다.

학계와 AI를 개발하는 민간 부문에서는 '한국어 말뭉치가 부족하다'는 불만이 나오고 있다. 유태준 마인즈랩 대표는 조선비즈와의 인터뷰에서 한국어 말뭉치 수준에 대한 아쉬움을 드러냈다.

그는 "영어는 5,000시간 넘는 음성 말뭉치가 있어서 AI를 학습시키면 굉장히 인식률이 높은데 한국어는 그렇지 않다"고 말했다. 미국의 경우, 프린스턴대가 '언어학 데이터 컨소시엄(Linguistic Data Consortium)'을 만들어 연구하는 등 언어 데이터를 다량으로 축적하고 있다.

〈조선비즈 기사 중 일부, 이다비 기자, 2016. 10. 9., http://biz.chosun.com/site/data/html_dir/2016/10/09/2016100900328.html#csidxa5b7409403086568151ded607ee3774〉

제 4 장

결　론

지금까지 지역혁신을 위한 거버넌스는 다양한 이해관계자와의 협력을 통해 정책수요 및 문제를 파악하고 대응하는 형태로 발전하여왔다. 하지만 기존의 거버넌스는 물리적·시간적 제약에 의해 대리인을 통한 정책수립과 실행(Agency Dilemma)이 이루어질 수밖에 없었다(홍순구 외, 2017). 이러한 대리인 문제를 해결하고 다양한 이해관계자들의 직접적인 참여와 협력을 가능하게 하는 지역혁신 거버넌스에 Co-creation을 접목하기 위해서는 지역사회문제 해결과정에 참여와 협력을 위한 적절한 방법론이 필요하다.

본 저서에서 지역혁신 거버넌스를 위한 14가지 구체적인 Co-creation 활용 방법론을 제시하였다. 이 방법론은 지역사회문제를 해결하는 데 있어서 단편적인 한 가지 방법론을 적용하게 하는 것이 아니라, 문제 유형이나 지역사회의 여건 등에 따라서 14가지 방법론을 병행하는 등 유연하게 활용할 수 있다. 또한 기존에 활용되고 있는 방법론을 Co-creation 모델에 따라 적절히 활용할 수 있도록 사례를 통해 방법 및 절차 등을 구체적으로 제시하였다. 이러한 방법론은 Co-creation 기반 플랫폼을 중심으로 사회문제 유형에 따라 모든 정보들이 공유된 자료를 바탕으로 지역혁신을 위해 각 단계별로 적절한 방법론을 취사선택하여 활용할 수 있다. 또한 빅데이터 분석, 웹 크롤링 등 새로운 IT 기술을 접목한 방법론을 제시하여 기존의 공론화 방법의 한계를 극복하고 가상 공간을 활용하여 효과적인 협력 환경을 제공할 수 있도록 하였다. 예를 들면 지역혁신을 위한 공공사업을 수행하기 위해서 정책수립과정에서 갈등완화 및 사회적 합의를 위해 다양한 이해관계자들을 참여시키는 토론회 및 공청회 등을 개최한다. 이러한 오프라인 모임에서는 참여자가 많을수록 토론과정에서 나타나는 다양한 의견을 모두 경청하여 반영하는 것은 한계가 있다. 그러나 빅데이터 분석 등 IT 기술을 활용하면 온·오프라인 모임 등 어떠한 경우의 토론이라도 토론과정에서 발생하는 방대한 양의 내용을 분석할 수 있게 된다. 또한 더 나아가서 온·오프라인 토론회를 거치지 않는다고 해도 웹이나 모바일 상에 나타나는 다양한 이해관계자들이 제시하는 정보들을 웹 크롤링 기술 등을 활용하여 자동적으로 파악·예측할 수 있게 되어 그들의 요구에 부응하는 정책을 펼 수 있게 된다.

지역혁신 거버넌스에 Co-creation을 접목하여 지역주민을 포함한 다양한 이해관계자들과 정책 초기 계획단계부터 정책실행의 목표와 비전을 공유하고 공유한 목표와 비전을 달성하기 위해 더 많이 참여하게 하고 협력하는 것이다. 이때 각종 정보통신기술을 이용하여 소통을 위한 채널을 만들고 보다 효율적으로 소통하고 협력할 수 있는 Co-creation 플랫폼을 활용할 수 있다.

이러한 거버넌스야말로 지역혁신을 위한 새로운 형태의 스마트 거버넌스라고 할 수 있다. 즉, 스마트 거버넌스는 물리적 · 시간적 제약을 가지고 대리인을 통해 정책의 수립과 실행이 이루어지는 기존의 거버넌스에 대비하여, 거버넌스의 체계에 정보기술을 접목함으로써 문제해결 과정에 다양한 이해관계자가 직접적으로 참여하는 것을 가능하게 한 새로운 거버넌스 구조를 말한다.

스마트 거버넌스를 통한 Co-creation기반 지역혁신 모델을 소개하면 〈그림 4-1〉과 같이 나타낼 수 있다. 스마트 거버넌스를 위한 1단계에서는 웹 크롤링, 빅데이터 등의 IT 기술을 통해 지역사회 주민이나 다양한 이해관계자들이 웹이나 모바일 등으로 생산하는 광범위한 데이터로부터 지역의 현안 문제를 직접 도출할 수 있다. 2단계에서는 지역사회의 다양한 인적자원이나 이와 연계된 이해관계자 풀(Pool)을 활용하여 지역사회문제와 관련된 이해관계자를 설정하고 이해관계자들 간의 참여와 협력을 통해 공유하고 공감하는 과정을 거친다. 3단계에서는 Co-creation 플랫폼을 활용하여 다양한 이해관계자들이 함께 참여하고 토론하면서 문제를 정의 · 재정의하여 목표를 설정하고 이를 공유한다. 4단계에서는 Co-creation 플랫폼을 활용하여 자유롭게 아이디어를 주고받으며 실행초안을 검토한다. 5단계에서는 Co-creation 플랫폼을 통해 다양한 이해관계자들이 함께 정책을 구체화하고, 6단계 실행과정에서도 서로 의견을 교환한다. 마지막으로 7단계에서 실행과정 및 평가를 거쳐 지식저장소에 사례를 축적하고 성공 및 실패 사례를 모든 참여자가 공유한다(홍순구 외, 2017).

출처: 홍순구 외 2017.

그림 4-1 Co-creation기반 지역혁신모델

Co-creation기반 지역혁신모델에 정보통신기술을 접목한 스마트 거버넌스를 활용하는 정책 과정은 〈그림 4-2〉로 제시할 수 있다.

정책의제설정 단계에서는 빅데이터 분석을 기반으로 전자민원, SNS 등의 수집 및 분석을 통해 지능화된 예측으로 미리 정부 정책의제를 도출할 수 있으며, 머신러닝을 활용하여 민원 내용에 대한 적합도를 평가할 수 있다. 이를 통해 선제적 행정 편의성을 제공할 수 있어 디지털 직접민주주의 실현이 가능하며, 민원 데이터에서 정책과제로 적합한 민원을 선별하기 위한 중요도의 평가가 용이해질 수 있다.

정책형성 단계에서의 스마트화는 아이디어 및 정책 우선순위 도출과정의 지능화를 통해 가능하다. 가상의 공간에서 제한적 시야를 극복하고, 잘못된 지식

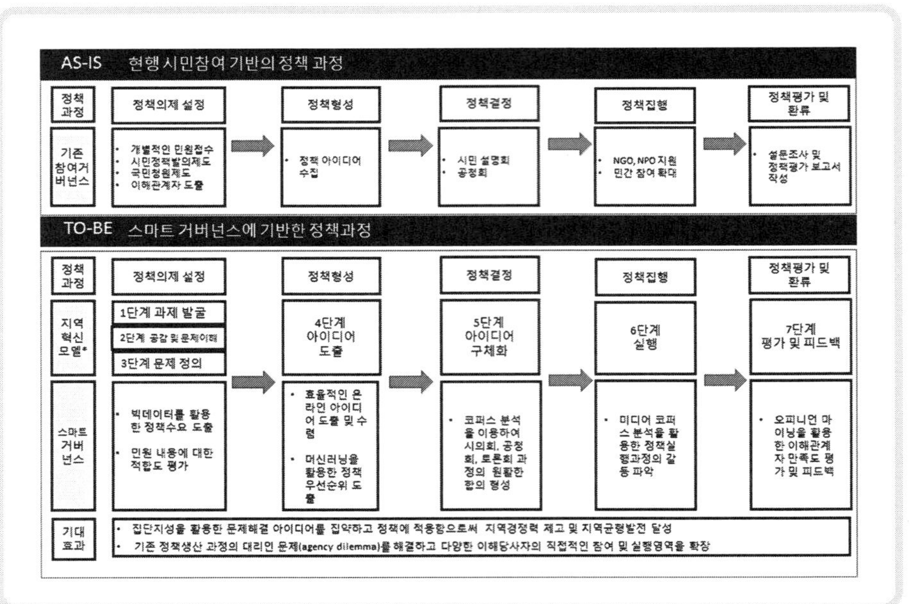

그림 4-2 스마트 거버넌스에 기반한 정책 과정

을 바로잡아 양질의 정책 아이디어 발산이 가능한 협력적 지식창출 환경이 요구되고 있다. 이를 위해 그룹의사결정지원시스템(GDSS) 및 대시보드를 기반으로 협력적 지식 창출 도구에서의 수렴적 사고를 지원할 수 있다. 또한 Keyword Scanning을 활용하여 정책 아이디어의 발산과 동시에 제시된 아이디어를 유사 영역끼리 분류·검토하여 연계성 있는 아이디어를 묶어 워드 클라우드 형식으로 가시화시켜, 정책 아이디어를 집약하여 수렴할 수 있다. 이와 같이 협력적 지식 창출 과정에서 대량으로 생산되는 정책 아이디어를 대상으로 정확하고 공정한 평가 및 빠른 처리를 위해 자동화된 정책 우선순위를 도출할 수 있다. 이는 기존의 평가지표 및 보고서 기반 트레이닝 셋 구성, 학습을 위한 알고리즘 모델링, 구축모델의 운영을 통한 머신러닝으로 해결할 수 있다. 머신러닝을 활용한 기업의 사례로 롯데에서는 인공지능 기반의 채용 평가 시스템을 활용하여 서류전형 시 공정성과 정확성을 높이고, 4만 여건의 자기소개서가 접수되는 서류전형시간을 대폭 감소시켜 업무 효율성을 높일 수 있었다.

정책결정 및 실행과정 단계를 살펴보면 지역혁신을 위한 공공정책수립 과정에서 진행되는 토론회, 공청회, 위원회 등의 공적토론 과정에서 참여자와 발언 내용이 많을수록 다양한 의사를 모두 경청하고 수렴하여 집약하는 일은 한계가 있다. 또한 다양한 변수가 존재하는 지역사회 현실에서는 이해관계자들 간의 갈등이 발생할 가능성을 내포하고 있다. 이를 해결하기 위해 코퍼스 분석을 활용하여 정책결정과정의 공적토론 회의록으로부터 정책결정의 판단 근거자료를 도출하고, 정책실행과정의 사회적 갈등 발생은 매스미디어 데이터의 분석을 통해 파악할 수 있다. 즉, 정책결정과정에서 진행되는 토론회, 공청회, 위원회 등의 공적토론 과정의 토론 내용으로부터 의견의 차이와 토론 구조를 수치화·가시화함으로써 합의 형성과정을 원활히 하고 정책결정의 판단 근거로 삼을 수 있는 결과물을 도출할 수 있으며, 정책실행과정의 이해관계자들 간의 갈등 발생을 매스미디어 코퍼스 분석을 통해 파악할 수 있다.

정책평가 단계에서는 정책실행을 평가하는 방대한 양의 시민들의 평가의견을 분석하여 가시화하는 것이 필요하며, 여론의 변화추이를 파악하기 위해 시민들의 정책평가에 대한 감성변화에 대한 분석이 필요하다. 이의 자동화를 위해서는 빅데이터 분석을 활용할 수 있다. 시민의 의견을 나타내는 SNS 텍스트로 부터 특정 정책을 평가하는 오피니언 마이닝을 실시하고, 정책평가에 적합한 정책 감성사전을 구축하여 활용하는 것이다.

이와 같이 Co-creation에 기반한 스마트 거버넌스는 정보통신기술을 활용하여 지역혁신을 위해 다양한 이해관계자들이 함께 참여하고 협력하는 거버넌스이다. 즉, 미리 정책수요자의 요구를 자동으로 예측하고 분석하여 최적의 정책을 실행할 수 있는 스마트 거버넌스를 실행한다면 지역사회는 혁신을 성공적으로 이루어갈 수 있을 것이다.

향후 지역혁신모델을 지능화한 스마트 거버넌스 체계를 국내외 실제사례에 적용하여 축적한다면 시급한 지역 현안문제 해결에서 나아가 국가 차원의 문제를 가장 효율적으로 해결할 수 있을 것이다.

:: 참고문헌

- 강성룡, "서비스 블루프린트(Blueprint)의 개념과 응용", 산업과 경영, 24(1), 2011, pp. 225-236.
- 고길곤, "정책네트워크 연구의 유용성과 사회연결망 이론 활용 방법의 고찰", 행정논총, 45(1), 2007, pp. 137-164.
- 김관수, "로컬거버넌스가 주민자치센터의 이용만족도에 미치는 영향에 관한 연구: 경기도 부천시를 중심으로", 단국대학교 대학원 박사학위논문, 2011.
- 김광명, 고영준, 정회준, "서비스 디자인 프로토타이핑 가이드라인 개발", Archives of Design Research, 26(4), 2013, pp. 123-152.
- 김나랑, 홍순구, 이현미, "근거이론에 기반한 청년 벤처 창업 활성화 방안 연구", 벤처창업연구, 9(3), 2014, pp. 33-45.
- 김미현, "코크리에이션(Co-creation)에 기초한 서비스디자인 방법론: 실증연구를 통한 요인도출", 성신여자대학교 대학원 석사학위논문, 2014.
- 김선배, "도시발전과 지역혁신체제: 기능적 관점의 지역발전 이론과 사례", 한국경제지리학회지, 7(3), 2004, pp. 345-357.
- 김승우, 김남규, "오피니언 분류의 감성사전 활용효과에 대한 연구", 지능정보연구, 20(1), 2014, pp. 133-148.
- 김은정, 정의철, "사용자 경험의 정보 시각화 분석을 위한 통합적 여정지도 프로세스 모형 개발", 한국디자인포럼, 46, 2015, pp. 389-399.
- 김정권, "R&D부문 예비타당성조사 적용을 위한 이해관계자 분석방안 연구", 한국과학기술기획평가원, 2015.
- 김형주, 정미애, 최해옥, 임영훈, 고병옥, "지역혁신 활성화를 위한 도시기반 혁신정책의 전략과 방향", 과학기술정책연구원 정책연구, 2017-15.
- 박민희, "혈액투석 환자의 편의성 증진을 위한 의료서비스 개선안 연구", Journal of Integrated Design Research, 16(4), 2017, pp. 105-114.
- 박성제, 이제욱, "빅데이터(Big Data) 시대의 소셜 네트워크 분석(Social Network

Analysis) 기법과 스포츠 분야의 활용전략", 한국체육과학회지, 23(5), 2014, pp. 933-946.

- 박우창, "소셜 네트워크 분석의 관계적 접근 방법", 한국정보기술학회지, 10(9), 2012, pp. 143-151.
- 박홍엽, "정부와 시민사회단체 간의 갈등 및 협력요인 분석을 위한 사례연구: 춘천~양양 고속도로 노선선정 관련 갈등사례를 중심으로", 한국거버넌스학회보, 16(1), 2009, pp. 155-178.
- 배응환, "로컬 거버넌스: 갈등에서 협력으로", 지방행정연구, 19(2), 2002, pp. 187-215.
- 서순탁, 민보경, "지역발전을 위한 협력적 거버넌스에 관한 연구: 분당-죽전 도로 연결을 중심으로", 지역사회발전학회논문집, 30(2), 2005, pp. 25-44.
- 서태성, "지역발전과 주민참여형 거버넌스체제 구축방안", 국토연구, 252, 2002, pp. 20-27.
- 신희인, 김장수, "디자인 기업의 서비스디자인 방법론 적용 비즈니스 활성화 방안", 한국디자인문화학회지, 21(4), 2015, pp. 351-359.
- 오철호, 고숙희, "협력적 거버넌스 구축 및 운영에 관한 연구: 출소예정자의 취업, 창업지원 융합행정을 중심으로", 한국사회와 행정연구, 22(4), 2012, pp. 27-49.
- 오현우, 함동한, "SERVPERF와 고객여정지도를 활용한 의료서비스 개선 요건 파악", 대한안전경영과학회지, 19(4), 2017, pp. 273-282.
- 윤광재, "지역혁신과 재정인센티브의 연계방안에 관한 연구", 한국지역혁신논집, 1(2), 2006, pp. 25-43.
- 윤선희, "이해관계자의 참여를 통한 보건소 공공서비스 개선의 디자인적 접근에 관한 연구", 홍익대학교 대학원 석사학위논문, 2016.
- 이곤수, 최원삼, 전영평, "지역혁신거버넌스의 실증적 분석", 한국행정학보, 39(4), 2005, pp. 39-62.
- 이명희, "지역활성화를 위한 문화콘텐츠 서비스 디자인: 문화마을 활성화를 위한 콘텐츠 개발 사례를 중심으로", 기초조형학연구, 11(6), 2010, pp. 429-440.
- 이민화, "4차산업혁명과 지역 혁신", 2017년 KCERN 34차 포럼 보고서, 2017.

• 이병기, "서비스디자인 방법론을 적용한 도서관서비스 혁신 사례분석", 한국문헌정보학회지, 50(3), 2016, pp. 71-92.
• 이수연, "협력적 거버넌스의 관점에서 본 커뮤니티 비즈니스 정책과정에 관한 연구: 전북 완주군 사례를 중심으로", 한국거버넌스학회보, 20(2), 2013, pp. 149-168.
• 이수상, "네트워크 분석 방법론", 논형, 2013.
• 이원호, "Co-creation기반 개방형 IoT플랫폼을 위한 협업 환경 개발", 숭실대학교 대학원 석사학위 논문, 2015.
• 이재삼, "산업발전을 위한 정보통신기술의 융합 활성화를 위한 제도적 개선 방안", 토지공법연구, 71, 2015, pp. 445-472.
• 이정협, 김형주, 손동원, "지역혁신 거버넌스의 진단과 대안모색: 대기업 중심 생산집적지의 전환을 중심으로", 과학기술정책연구원 정책연구, 2007-18.
• 이주헌, "서울시 로컬 거버넌스의 혁신", 서울도시연구, 19(1), 2018, pp. 115-135.
• 이지현, "사용자 경험 디자인을 위한 퍼서나 기반 브레인스토밍 기법의 활용에 관한 연구", 디지털디자인학연구, 13(1), 2013, pp. 79-88.
• 이진희, "도덕과 교육에서의 통합 논술 지도에 관한 연구 - 토론을 통한 논술 게임 수업 모형", 초등도덕교육, 24, 2007, pp. 283-311.
• 이태헌, 홍순구, 정하영, "지방정부 공공사업에 관한 일간지 미디어자료의 시계열 코퍼스 분석: 기장 해수담수화 플랜트사업을 중심으로", 지방정부연구, 20(4), 2017, pp. 1-23.
• 전영평, "지방정부의 거버넌스 모형 구축: 공익형 NGO의 형성 정도와 정책참여 수준을 중심으로", 행정논총, 41(1), 2003, pp. 47-71.
• 정성문, 강신겸, "커뮤니티 관광개발에서의 이해관계자간 네트워크 구조 분석: 양림동 도시재생과정을 중심으로", 관광연구논총, 27(4), 2015, pp. 215-239.
• 정수용, "협력적 거버넌스의 성공요인에 관한 연구: 지역주민의 공동의 문제해결 사례를 중심으로", 성균관대학교 대학원 박사학위논문, 2016.
• 정준호, 김선배, 변창욱, "산업집적의 공간구조와 지역혁신 거버넌스", 산업연구

원, 2004.

- 정하영, 이태헌, 홍순구, "코퍼스 분석과 공적토론 연구", 만타, 2017.
- 정하영, 이태헌, 홍순구, "공공서비스의 수요대응성 향상을 위한 전자민원 코퍼스 분석", 지방정부연구, 21(1), 2017, pp. 423-436.
- 조완섭, 이정은, 최치환, "웹크롤러의 수집주기 최적화", 한국콘텐츠학회지, 13(6), 2013, pp. 30-39.
- 주재복, "한국로컬거버넌스와 지방자치", 한국행정학회 2004년도 하계학술대회 발표논문, 2004.
- 진위, 김정수, 김종우, "오피니언 마이닝과 네트워크 분석을 활용한 상품 커뮤니티 분석", 지능정보연구, 20(1), 2014, pp. 49-65.
- 차재권, 류태건, "지역경제발전을 향한 새로운 접근방법의 모색: 성장동력에 관한 논쟁을 중심으로", 지방정부연구, 18(2), 2014, pp. 157-180.
- 천수경, 연명흠, "비즈니스 구분에 따른 제품-서비스 시스템의 이해관계자 지도 형식 제안", 디자인융복합연구, 16(5), 2017, pp. 253-269.
- 최환석, "멀티미디어 콘텐츠 설계", 한밭대학교, 2013: http://dial.hanbat.ac.kr/home/bbs/upload/basic_bbs/bbs_8_331_1.pdf,(검색일: 2016. 3. 28.)
- 하상현, "창의적 아이디어 생성 증진을 위한 브레인스토밍 웹사이트의 설계 및 구현", 경성대학교 교육대학원 석사학위논문, 2002.
- 한국디자인진흥원, "서비스디자인 툴킷 레퍼런스북", 2013.
- 한국디자인진흥원, "의료서비스디자인 실행매뉴얼", 2013.
- 한세억, "공공문제 해결을 위한 Co-creation 접근의 가능성과 한계", 행정논총, 51(3), 2013, pp. 107-133.
- 한세억, "지역공동체 문제 해결을 위한 Co-creation 접근", 한국지역정보화학회지, 17(1), 2013, pp. 1-24.
- 홍순구, 김나랑, 이태헌, 한은정, "신 지역혁신 모델: 스마트 거버넌스", 유원북스, 2017.
- 홍순구, 이현미, 임성배, 김나랑, "Co-creation의 개념적 고찰 및 연구과제", 정보시스템연구, 23(1), 2014, pp. 203-223.

- 홍순구, 이현미, 김나랑, “일자리창출 관련 정부 정책참여 요인”, 한국지방자치학회보, 27(2), 2015, pp. 177-197.
- 홍순구, 최형림, 김나랑, “공동가치창출을 위한 혁신모델의 탄생”, 유원북스, 2017.
- 황명하, “텍스트 마이닝 기반 국제표준 트렌드 분석 시스템 개발에 관한 연구”, 과학기술연합대학원대학교 석사학위 논문, 2018.

- Baldwin, C. Y. & Woodard, C. J., “The Architecture of Platforms: A Unified View”, Platforms, Markets and Innovation, 2009, pp. 19-44.
- Bhalla, G., “Collaboration and Co-creation”, Collaboration and Co-creation (pp. 1-16), Springer, New York, NY, 2010.
- Bitner, M. J., Ostrom, A. L., & Morgan, F. N., “Service Blueprinting: A Practical Technique for Service Innovation”, California Management Review, 50(3), 2008, pp. 66-94.
- Boughnim, N. & Yannou, B., “Using Blueprinting Method for Developing Product-Services Systems”, International Conference on Engineering Design (ICED) 05 Melbourne, August, 2005, pp. 15-18.
- Butler, R. W., “The Concept of A Tourist Area Cycle of Evolution: Implications for Management of Resources”, The Canadian Geographer, 24, 1980, pp. 5-12.
- Coleman, L. G., “Blueprint Sets Foundations for Better Service and Customer Satisfaction”, Marketing News, 23(26), 1989, p. 14.
- Cooke, P., Uranga, M. G., & Etxebarria, G., “Regional Innovation Systems: Institutional and Organisational Dimensions”, Research Policy, 26(4-5), 1997, pp. 475-491.
- Cooke, P., Boekholt P., & Todtling, F., “The Governance of Innovation in Europe: Regional Perspectives on Global Competitiveness”, London and New York: Pinter, 2000.

- Cooke, P., Laurentis, C. D., Todtling F., & Trippl, M., “Regional Knowledge Economies: Markets, Clusters and Innovation”, Edward Elgar, 2007.
- Freeman, R. E., “Strategic Management: A Stakeholder Approach”, Boston: Pitman, 1984.
- Hong, S. G., Kim, H. J., & Choi, H. R., “An Analysis of Civil Traffic Complaint Using Text Mining”, Information, 19(11A), 2016, pp. 4995-5000.
- Hong, S. G. & Lee, H. M., “Developing Gamcheon Cultural Village as a Tourist Destination Through Co-creation”, Service Business, 9(4), 2015, pp. 749-769.
- Jessop, B., “Capitalism & Its Future: Remarks on Regulation, Government and Governance”, Review of International Political Economy, 4(3), 1997, pp. 561-581.
- Jessop, B., “The Rise of Governance and the Risks of Failure: the Case of Economic Development”, International Social Science Journal, 50(1), 1998, pp. 29-45.
- Keiser, R., “Stakeholder Engagement Plans for the 2014 Strategic Plan”, 2013.
- Kumar, V., “101 Design Methods”, New Jersey: John Wiley & Sons, Inc, 2013.
- Ostrom, E., “Understanding Institutional Diversity”, Princeton Univ. Press, 2005.
- Provan, K. G. & Kenis, P., “Modes of Network Governance: Structure, Management, and Effectiveness”, Journal of Public Administration Research and Theory, 18(2), 2008, pp. 229-252.
- Shostack, G. L., “Designing Services That Deliver”, Harvard Business Review, Jan-Feb. 1984, pp. 133-139.

[웹사이트 참고]

- 제민일보, “지방자치의 주인은 주민이다”, 김석주 기자, 2018. 1. 30.
- 경향신문, “지방이 이끄는 공공서비스 혁신”, 김정렬 기고, 2018. 5. 28.

- 경기일보, "양평군 쉬멍국민디자인단, 행정안전부 장관상 수상", 장세원 기자, 2017. 11. 26.
- 노컷뉴스, "문 대통령 신년사 네트워크 분석 결과 '우리 · 국민 · 삶' 최빈단어", 박기묵 기자, 2018. 1. 17.
- 디지털데일리, " '쌓인 리뷰 꿰어야 보배'… 여기어때, 검색 고도화에 리뷰 활용", 이형두 기자, 2018. 3. 15.
- 서울경제, "AI기반 규제평가 시스템 필요하다", 이민화 사외칼럼, 2018. 02. 14.
- 서울와이어, "클라이언트와 함께한 브레인스토밍에서 낚아챈 순간의 아이디어! "크래미", 신동호 기자, 2017. 11. 16.
- 연합뉴스, "해수부 해운 · 항만 분야 신사업 아이디어 공고", 김동규 기자, 2018. 5. 4.
- 이데일리, "빅데이터 시대, 시장조사업체도 자료수집에 최신 기술 도입", 이재운 기자, 2018. 2. 27.
- 조선비즈, "송철의 국립국어원장 '한국어 AI 시대의 기초는 말뭉치, 제2의 세종계획 추진해야' ", 이다비 기자, 2016. 10. 9.
- 한국일보, "언어보다 앞선 소통 수단, '보려는' 마음", 구자갑 롯데오토리스 대표 2018. 4. 22.
- Etnews, "루미너스텍, 오슬로 · 트레이스프로 세미나 성료", 안수민 기자, 2018. 4. 24.
- IT동아, "빅데이터가 바라본 OLED와 QLED, 그 결과는?", 강형석 기자, 2018. 4. 6.
- http://kotametro.info/free-stakeholder-map-template/, 검색일 2016. 5. 28.
- http://xocoyotl.com/salsaverde/docs/%20DE2006_Gonzalez_Presentation.pdf, 검색일 2016. 5. 28.
- http://platum.kr/archives/76796, 검색일 2018. 5. 3.
- http://www.slideshare.net/human5804/service-safari-diaryfor-printing, 검색일 2016. 5. 28.
- http://www.seoul.go.kr/pdc_idea/application/idea.html?M_IDX=15, 검색일 2016. 3. 28.

- http://nodeul.org/3rd_stage/, 검색일 2016. 3. 28.
- https://ko.wikipedia.org/wiki/%EC%9B%B9_%ED%81%AC%EB%A1%A4%EB%9F%AC, 위키피디아 '웹크롤러' 항목, 검색일 2018. 5. 14.

[저자 소개]

김 나 랑

부산대학교 학사(문헌정보학)
동아대학교 석사 및 박사(경영정보학)
부산대학교 경영연구소 연수연구원
동아대학교 경영정보학과 연구교수

[논문]

International Journal of Production Research 등 국내외 저널에 30여편의 학술논문 게재

이 태 헌

동아대학교 학사(도시공학)
리츠메이칸 대학 석사 및 박사(정책과학)
현, 동아대학교 산학협력단 전임연구원

[저서 및 논문]

문제발굴과 의사결정을 위한 빅데이터 과학: 코퍼스 분석과 공적토론 연구(저서)
그 외 "공공서비스의 수요대응성 향상을 위한 전자민원 코퍼스 분석: 부산시 사례를 중심으로" 등 국내외 저널에 10여편의 학술논문 게재

한 은 정

숙명여자대학교 석사 및 박사(경영학)
숙명여자대학교 경제경영연구소 연구원
현, 동아대학교 공동가치창출혁신연구소 연구원

[논문]

기술혁신학회지 등 국내외 저널에 논문 게재

지역혁신 거버넌스를 위한 Co-creation 활용 방법론

2018년 6월 20일 초판 인쇄
2018년 6월 26일 초판 발행

저 자 김나랑 · 이태헌 · 한은정
발행인 이구만
발행처 유원북스

04091 서울특별시 마포구 토정로 222, 416호
(신수동, 한국출판콘텐츠센터)
대표전화 (02)593-1800 Fax (02)6455-1809
등록 2011. 9. 6. 제25100-2012-3호
www.uwonbooks.com uwbooks@daum.net

정 가 18,000원 ISBN 979-11-6288-031-9 93320

이 도서의 국립중앙도서관 출판예정도서목록(CIP)은 서지정보유통지원시스템 홈페이지(http://seoji.nl.go.kr)와 국가자료공동목록시스템(http://www.nl.go.kr/kolisnet)에서 이용하실 수 있습니다. (CIP제어번호 : CIP2018019220)